Claas Triebel & Lino von Gartzen

Der Prinz, der Pilot und Antoine de Saint-Exupéry

Claas Triebel · Lino von Gartzen

Der Prinz, der Pilot und Antoine de Saint-Exupéry

Das Rätsel um den letzten Flug

Mit 101 Abbildungen,
Dokumenten und Karten

Herbig

Inhalt

II
Der Prinz

III
Der Pilot

Anhang

Den Familien

Prolog

»Da können Sie gleich aufhören zu forschen. Den Saint-Exupéry – den habe ich abgeschossen.«

Größere Ereignisse geben sich zuweilen unspektakulär und wirken, als ob sie nur zufällig an die Öffentlichkeit geraten wären. So ist es auch hier geschehen, als der Starnberger Unterwasserarchäologe Lino von Gartzen im Laufe einer Recherche über einen vor Marseille versunkenen Flugzeugmotor im Mai 2006 eine Liste von noch lebenden Piloten abtelefonierte, die in den Jahren 1943–1944 in ebenjener Gegend stationiert gewesen waren. Wenn man Lino von Gartzen und seine französischen Kollegen Luc Vanrell und Philippe Castellano nach der Vorgeschichte dieses Anrufes befragt, so stellt sich heraus, dass dem Zufall durch Hartnäckigkeit und akribische Detailsuche nachgeholfen wurde. Denn die vermeintliche Aufklärung der Ereignisse um den letzten Flug des französischen Schriftstellers, Piloten und Nationalhelden Antoine de Saint-Exupéry (1900–1944) stellte zunächst einmal ein Problem dar und nicht die Lösung einer mehr als sechs Jahrzehnte gärenden Frage. Schließlich könnte jeder von sich am Telefon behaupten, der Schlüssel zu einem Rätsel zu sein. Und natürlich hat jemand, der eine solche Geschichte an die Öffentlichkeit trägt, auch kritisches Interesse zu erwarten.

Wenn du bei Nacht den Himmel anschaust, wird dir sein, als lachten alle Sterne, weil ich auf einem von ihnen wohne, weil ich auf einem von ihnen lache.[1]

Lieber würde man sich von diesem Bild des kleinen Prinzen verzaubern lassen, als sich Gedanken machen über einen gesundheitlich schwer angeschlagenen, leberkranken Piloten, dessen Maschine eines Tages, von Schüssen getroffen, senkrecht ins Meer stürzte und auf der Oberfläche zerschellte, als wäre sie auf eine Betonfläche geprallt.

Als sich Lino von Gartzen einige Wochen nach jenem Telefonat mit Luc Vanrell und Philippe Castellano besprach, fiel die Reaktion der beiden erfahrenen Wrackforscher nicht eben begeistert aus. Gemeinsam hatten sie jenen Flugzeugmotor geborgen, den sie im Trümmerfeld der Maschine Saint-Exupérys aufgefunden hatten, doch waren sie nach kurzer Zeit zu der Erkenntnis gelangt, dass ihnen dieser Fund nicht zur Rekonstruktion der Absturzursache der *P-38 Lightning* führen würde, die Saint-Exupéry am 31. Juli 1944 geflogen hatte. Die Nachricht, die Lino von Gartzen nun brachte, bedeutete vor allem neue Arbeit an einem ohnehin schon komplizierten Projekt. Arbeit in Archiven. Arbeit in der Werkstatt. Arbeit am Telefon. Arbeit, an deren Ende vielleicht klar würde, wie einer jener zahllosen Menschen ums Leben gekommen war, deren Wracks vor der Küste Marseilles auf dem Meeresgrund liegen. Arbeit, die dokumentiert und veröffentlicht oder einem Museum zur Verfügung gestellt werden müsste.

Doch in diesem Fall ergab sich aus der Suche nach technischen Details und militärischen Aufzeichnungen mehr als nur das nackte Gerüst der Geschehnisse. Und so erzählt dieses Buch auch die Geschichten dreier Piloten, die miteinander in Verbindung stehen.

Die erste Geschichte behandelt das letzte Kapitel im Leben des Antoine de Saint-Exupéry, der am 31. Juli 1944 von Korsika aus zu seinem letzten Flug aufbrach, von dem er nicht mehr zurückkehren sollte.

Die zweite Geschichte erzählt das kurze Leben des Alexis Prinz zu Bentheim und Steinfurt (1922–1943), der seit Ende 1943 als in Frankreich verschollen galt. Jahrzehntelang hatte Christian Fürst zu Bentheim und Steinfurt nach dem Verbleib seines älteren, erstgeborenen Bruders geforscht. Der Motor am Absturzort Antoine de Saint-Exupérys konnte nach langwierigen Recherchen schließlich der Maschine des verlorenen Alexis zu Bentheim und Steinfurt zugeordnet und die jahrhundertealte Familiengeschichte des Hauses fortgeschrieben werden. Christian Fürst zu Bentheim und Steinfurt, selbst ein ehemaliger Jagdflieger, der in den 1950er- und 1960er-Jahren ein Privatflugzeug mit Namen *Antoine de Saint-Exupéry* geflogen hatte, konnte sich nach jahrzehntelanger Suche am Ort des Geschehens, an den ihn die Forschungsergebnisse des französisch-deutschen Teams führten, von seinem Bruder verabschieden.

Die dritte Geschichte erzählt das Leben des deutschen Piloten Horst Rippert, der seit seiner Jugend als Kunstflieger ein glühender Verehrer

Das Calanques-Massiv bei Marseille

9

Antoine de Saint-Exupérys ist. Nach den Nürnberger Rassengesetzen als Nichtarier eingestuft, konnte er sich in der Luftwaffe nur vor Flugverbot und anderen Repressalien schützen, indem er sich als erfolgreicher Jagdflieger auszeichnete. So kämpfte Rippert nicht nur gegen Feinde fremder Truppen, sondern vor allem um sein eigenes Leben. Er versuchte das Leben der anderen zu schonen, indem er auf Flügel und Motor, nicht aber auf das Cockpit schoss. Doch natürlich lud auch er Schuld auf sich. Und besonders schwer trug er an der Vermutung, am 31. Juli 1944 das Idol seiner Jugend vom Himmel geholt zu haben. In den Nachkriegsjahren hatte er nur mit einem guten Freund über seinen Verdacht gesprochen. Und dieser Freund hatte ihm geraten, die Dinge auf sich beruhen zu lassen. Jahrzehnte später schließlich, nachdem er Karriere als Sportreporter beim Zweiten Deutschen Fernsehen gemacht hatte, offenbarte Horst Rippert sein Geheimnis einem ihm unbekannten Menschen am Telefon.

All diese Geschichten haben ihren Ursprung einige Kilometer vor der Küste Frankreichs, etwas östlich des weit gezogenen Hafenbeckens von Marseille, dort, wo die Felsen weiß und kahl werden, in über 50 Meter Tiefe, im sandigen Meeresboden, in einem 700 Kilogramm schweren Motorblock. An seiner Fundstelle bei der Île de Riou verdichtet sich ein Stück europäischer Zeitgeschichte. Dieser Motor ist der Schlüssel zur Lösung des Rätsels um den letzten Flug Antoine de Saint-Exupérys.

Den Rahmen dieser verschiedenen Geschichten bildet der Verlauf seiner Erforschung, der vierten Geschichte dieses Buches. Und im Großen und Ganzen spielen all diese Geschichten im Umkreis von Marseille, weshalb wir zunächst einen Blick auf diese schillernde, laute, räudige und faszinierende Stadt werfen wollen.

Rechte Seite:
Antoine de Saint-Exupéry im Cockpit seiner *P-38 Lightning*

I
Antoine de Saint-Exupéry

Marseille

Marseille liegt in einer weit geschwungenen Bucht, der einige karge Felsen vorgelagert sind, auf denen sich Leuchttürme und Festungen befinden. Irgendwo in dieser Bucht las der Legende nach die Prinzessin Nausikaa den schiffbrüchigen Odysseus am Strand auf. Diese Begegnung sollte den Auftakt zum Ende der Irrfahrt des Odysseus bilden: Der weit gereiste Krieger und Seefahrer konnte vom Ort des späteren Marseille aus endgültig die Heimfahrt nach Ithaka antreten.

Die Geschichte Marseilles – oder zumindest ihr Mythos – beginnt mit dem Zusammentreffen zweier Kulturen. Mit der Aufnahme eines Fremden. Mit der Möglichkeit des Endes einer schier endlosen Suche nach der Heimat und nach sich selbst.

Auch unsere Geschichte beginnt und endet in Marseille, jener Hafenstadt, die nach historischen Maßstäben im Jahr 600 vor Christus von den Phokäern gegründet worden ist und heute der bedeutendste europäische Hafen nach Rotterdam ist. An der Rhônemündung gelegen, bietet Marseille seit zweieinhalb Jahrtausenden eine ideale Anlaufstelle für zu verschiffende Handelsgüter aus Mitteleuropa und um eingehende Waren flussaufwärts und von dort aus an ihre endgültigen Ziele zu transportieren. In Marseille scheint an 300 Tagen im Jahr die Sonne. Marseille ist die südlichste Großstadt Frankreichs – auch wenn die Marseiller zuweilen behaupten mögen, ihre Stadt gehöre nicht wirklich zu Frankreich, sie selbst wären zuallererst Marseiller und dann erst Franzosen. In Marseille finden sich seit 2600 Jahren Afrikaner, Araber, Griechen, Italiener und Spanier, die den 57 Kilometer langen Küstenstreifen zum Schmelztiegel der Kulturen in Europa gemacht haben.

Marseille ist jedoch nicht nur ein Ort, an dem seit Jahrtausenden Handel getrieben wird und Menschen unterschiedlicher Kulturen in friedlicher Absicht aufeinander treffen. Marseille ist seit seiner Gründung auch ein hart umkämpfter Kriegsschauplatz gewesen. Noch heute sieht man an allen Ecken die Spuren des Zweiten Weltkrieges. Sie sind so präsent wie in wenigen anderen Städten Europas. Nicht die Zerstörungen sind es jedoch, die die vergangenen Jahrzehnte überdauert haben, sondern die Wehranlagen. Nicht der zivile Schaden ist noch sichtbar, sondern die Befestigungen und Bunker an den Hafenmauern, auf den vorgelagerten Inseln, an der Küste um Marseille. So schwer sind diese Bunker gebaut, dass es zu aufwendig und teuer wäre, sie abzureißen, und zu gefährlich, sie zu sprengen. Und so sind sie dort geblieben und werden von der Stadt umwachsen.

Nicht mehr zu sehen dagegen ist das Stadtviertel Le Panier im alten Marseille, das 1943 von den Deutschen zum Teil gesprengt wurde. Ein finsteres Kapitel in der Geschichte der Stadt: In dem alten Hafenviertel

Marseille und das
Château d'If

13

wohnten Juden und andere Bevölkerungsteile, derer sich auch manche Marseiller schon seit Langem entledigen wollten.

Ebenfalls nicht sichtbar sind jene Spuren der Geschichte, die auf dem Meeresgrund der weit geschwungenen Bucht von Marseille liegen. Rund um die neun Inseln, die vor langer Zeit ihre Funktionen als Burgen, Quarantänestationen, Leuchtturmpunkte und Gefängnisse verloren haben. Die berühmteste dieser Inseln ist die Île d'If, mit dem darauf erbauten Château d'If, jenem Gefängnis, in dem der von Alexandre Dumas erdachte Graf von Monte Christo jahrzehntelang dahinvegetiert und nach Rache trachtet.

In der Bucht von Marseille liegen etwa 300 Wracks aus den vergangenen 2600 Jahren. 2500 Jahre lang versanken hier nur Schiffe. Im Zweiten Weltkrieg kamen viele Flugzeuge hinzu. Nur etwa ein Drittel dieser Wracks ist erforscht. Man weiß, von wo und wann sie stammen und was für eine Art von Schiff oder Flugzeug dort liegt. Wenn man ausdauernd ist und obendrein auch noch Glück hat, kann man zuweilen auch erfahren, warum das Wrack auf dem Meeresgrund gelandet ist: Schiffe wurden von Stürmen, Holzwürmern oder von Kanonenkugeln versenkt, manchmal auch einfach kostengünstig entsorgt. Flugzeuge liegen dort zumeist, weil sie abgeschossen wurden. Viele sind noch unerkundet. So ist dieses riesige Trümmerfeld in der Bucht von Marseille zu einem Eldorado für Taucher geworden.

Das Tauchen nach Wracks übt eine besondere Faszination aus. Wer hat sich beim Fund der *Titanic* nicht vorgestellt, welche Feste dort auf der einzigen Fahrt des Schiffes gefeiert worden sind? Wer dachte bei den Bildern von der Kommandobrücke nicht daran, was hier wohl vor sich gegangen sein muss, als offenbar wurde, dass die *Titanic* verloren war? Wer stellte sich nicht das, was dort im grünlichen Wasser seit Jahrzehnten lag, als einst belebt vor?

Das Betrachten eines Wracks ist wie der Blick durch ein magisches Fenster, durch das wir direkt in die Vergangenheit greifen wollen. Die Zeit scheint stehen geblieben zu sein. Auch wenn das Holz der Planken halb verrottet und das Metall der Hülle verrostet und von Algen, Muscheln und Korallen überwachsen ist. Es ist eine verwunschene Welt. Jede Bewegung geschieht verlangsamt. Jeder Flossenschlag wirbelt Staub auf. Wracks sind Orte, um die sich Mythen spinnen, Orte, an denen die Geschichte lebendig wird.

Das Tauchen nach versunkenen Flugzeugen übt einen eigentümlichen Reiz aus. Schwebend nähert sich der Taucher dem versunkenen Fluggerät. Die Maschine, mit der sich der Pilot emporgeschwungen hatte, liegt nun in einem Reich, das ebenso wenig ein Lebensraum für den Menschen ist wie die Welt jenseits der Wolken. Fliegen und Tauchen lassen die Gesetze der Schwerkraft vergessen. Flieger und Taucher sehen die Welt aus einer Perspektive, die anderen verschlossen bleibt. In der Tiefe und in der Höhe ist der Mensch auf die Maschine angewiesen, die es ihm ermöglicht, dort zu überleben, wo er eigentlich nicht sein sollte. Die Maschine schützt den Menschen – und sie verleitet ihn. Sie gibt und nimmt. Unter Wasser und in der Luft ist die Maschine Schutzhülle und Nabelschnur für den Menschen, der sich aufgemacht hat, Natur dort zu erleben, wo er selbst nicht überleben kann. Tauchen und Fliegen haben vieles miteinander gemein. Und doch bleibt es ein Paradox, in die Tiefe zu tauchen, um ein Flugzeug zu suchen.

Zwei Taucher, eine Entdeckung

Lino von Gartzen ist Tauchlehrer und Unterwasserarchäologe. Er betreibt nebenberuflich seine Firma *Abtauchen*, in der er Tauchprojekte und Bergungen durchführt und Tauchschüler unterrichtet.

Meistens taucht Lino im Starnberger See, an dem er aufgewachsen ist und in dessen Nähe er auch heute in Aufkirchen lebt. Kommt man von München in das Dorf, so sieht man am Ortseingang eine Bronzestatue des Dichters Oskar Maria Graf, der 1938 von seinem Geburtsort ins Exil nach New York floh, wo er sich ebenso wie sein Kollege Antoine de Saint-Exupéry, der dort von 1941 bis 1943 weilte, zeit seines Aufenthalts geweigert haben soll, auch nur ein Wort Englisch zu sprechen. Man kann den Protest Oskar Maria Grafs begreifen, wenn man diese Gegend im Süden Münchens besucht, hier am paradiesisch anmutenden Ufer des Starnberger Sees, in dem 1886 der entmachtete und entmündigte bayerische König Ludwig II. unter ungeklärten Umständen ertrank. Es ist erstaunlich, was alles sich unter der glitzernden Oberfläche dieses Voralpensees verbirgt, an dessen Ufer die wohlhabendste Gemeinde Deutschlands liegt.

Hauptberuflich arbeitet Lino von Gartzen bei einem Patentdienstleistungsunternehmen in Starnberg. Diese Firma führt im Auftrag von Industrieunternehmen Recherchen in Patentpublikationen durch. Weltweit gibt es über 50 Millionen Schutzrechte. Jeden Monat werden über eine Million Änderungen und Neuerscheinungen publiziert. Linos Aufgabenbereich umfasst die Entwicklung von Suchstrategien und Verfahren, um aus dieser Informationsmenge die für den Kunden relevanten Schutzrechte herauszufiltern.

Als Ausgleich zu dieser eher trockenen Tätigkeit begann Lino mit dem Tauchen und trat 2002 der Bayerischen Gesellschaft für Unterwasserarchäologie bei, mit der er seitdem zahlreiche Tauchgänge und unterwasserarchäologische Untersuchungen vor allem im heimischen Starnberger See durchführte, etwa von Einbäumen und frühen Siedlungsspuren am Rande des Sees. Auch Überreste von Flugzeugen wurden gefunden, etwa das Fahrgestell eines Doppeldeckers, das beim letzten Flug einer Maschine der Königlich Bayerischen Luftwaffe kurz nach dem Ersten Welt-

Lino von Gartzen bei
einem Tauchgang im
Starnberger See

krieg in den Tegernsee gestürzt war. Da Lino gezielt an ungewöhnlichen
und unbekannten Stellen taucht, stößt er immer wieder auch auf traurige Funde. Mehrmals arbeitete er deshalb mit der bayerischen Krimi-
nalpolizei bei der Ortung, Dokumentation und Bergung von Leichen
zusammen.

Lino und seine Frau Lena, die nicht nur seine Tauchleidenschaft teilt,
sondern ihn auch bei seinen archäologischen Vorhaben unterstützt, rei-
sen seit vielen Jahren an die südfranzösische Küste, um dort gemeinsam zu tauchen. Im April 2005 hatte Lino auf dem Weg dorthin eine
Geschichte im Gepäck, der er vor der Küste Marseilles nachgehen wollte.
Von der Bergungsfirma Mantz, mit der Lino bereits in Deutschland einige Projekte durchgeführt hatte, hatte er erfahren, dass in der Gegend
von Marseille eine *Junkers Ju 88*, ein deutsches Flugzeug, das im Zweiten Weltkrieg vielfach zum Einsatz gekommen war, liegen sollte, deren

17

Geschichte ungeklärt war: Nach dem Zweiten Weltkrieg hätte das Flugzeug, das mit der aktuellsten Version des deutschen Bordradars ausgestattet war, als Kriegsbeute nach Frankreich überführt werden sollen. Doch die Maschine gelangte nie an ihren Bestimmungsort Marseille. Der mit diesem Auftrag betraute deutsche Pilot hatte angegeben, dass er das Flugzeug kurz vor Erreichen seines Ziels in der Bucht von Marseille notgelandet hatte, damit es nicht in die Hände der Siegermächte fiele.

Lino hatte sich vorgenommen, das Wrack zu betauchen, um so vielleicht einen Hinweis zu erhalten, ob es sich um das gesuchte Flugzeug handeln könnte. In einem Buch über die zahlreichen Wracks, die in der Hafenbucht liegen und das er vor Ort kaufte, fand sich ein Beitrag über das besagte, angeblich absichtlich versenkte Wrack – der die Lage des Wracks auf dem Meeresgrund vor Marseille allerdings mit anderen Gründen erklärte, als sie Lino bekannt waren.[2] Wenn zu einem Fund mehrere Versionen für dessen Herkunft oder über die Unglücksursache existieren, wird es interessant. Es ergibt sich ein Rätsel, das demjenigen, der sich jahrelang mit der Erforschung von Wracks beschäftigt hat, keine Ruhe lässt, solange es nicht gelöst ist.

Ein gewisser Luc Vanrell hatte sich mit dieser *Junkers Ju 88* befasst. Lino beschloss, ihn in Marseille aufzusuchen, um sich mit ihm über den Fall auszutauschen. Vielleicht verfügten sie beide über Informationen, die zusammen ein stimmiges Ganzes ergeben konnten.

Luc Vanrell ist Berufstaucher in Marseille. Sein Vater, Tony Vanrell, war einer der ersten Gerätetaucher, bereits in den 1940er-Jahren entdeckte er gesunkene griechisch-römische Schiffe im Mittelmeer. Im Zweiten Weltkrieg hielt er sich und die Familie auch mit dem Verkauf von Kriegsschrott, den er vom Meeresboden heraufholte, über Wasser. Seine Jagdmethode des Fischens mittels Handgranate stieß offiziell auf Beschwerde

Tony Vanrell in den
1940er-Jahren

der Besatzungsmacht[3], inoffiziell aber tauschten die deutschen Soldaten ihre Handgranaten gegen einen Anteil am Fang.

Luc Vanrell ist 1959 geboren. Bereits als Junge tauchte er zusammen mit seinem Vater nach antiken Schiffswracks. Mit den Jahren und Jahrzehnten wurde er zum Tauchprofi. Er eröffnete eine Tauchschule, arbeitete zusammen mit dem Französischen Nationalen Tauchinstitut und tauchte seit den 1980er-Jahren auch in extremen Tiefen von 80 bis 85 Metern. Sein Tauchrevier liegt vor der Küste Marseilles, in der Nähe eines kleinen Inselarchipels, einige Kilometer östlich von Marseille – der Île de Riou. Sein Vater hatte ihm erzählt, dass in dieser Gegend ein Flugzeugwrack liegen sollte. Er selbst hatte lange nicht mehr dort getaucht und konnte seinem Sohn nicht mehr genau sagen, wie der Fundort aussah. Er wusste lediglich, dass es sich um ein weiträumiges Trümmerfeld handelte. An sich war die Tatsache, dass dort einige Kilometer vor der Küste Marseilles ein Flugzeugwrack in großer Tiefe lag, nichts Besonderes. Doch der Gedanke, dieses Wrack zu finden, das dort in so großer Tiefe lag, begann Luc zu beschäftigen.

Ihm und seinen Freunden, die mit ihm tauchten, standen keine elektronischen Hilfsmittel zur Verfügung, als sie sich Anfang der 1980er-Jahre auf die Suche nach diesem Flugzeug machten. Als sie auf die Überreste eines Flugzeugs stießen und ein Kollege einen amerikanischen Sauerstoffbehälter aus der Tiefe holte, hatte Luc den ersten Hinweis darauf in der Hand, dass es sich um eine amerikanische Maschine handelte. In dem

Luc Vanrell bei Untersuchungen am Flugzeugwrack in den 1980er-Jahren

weiträumigen Trümmerfeld ließen sich jedoch keine Fundstücke finden, die einen Schluss auf den Flugzeugtyp zugelassen hätten. Sein Vater äußerte die Vermutung, ob es sich nicht um das Flugzeug von Antoine de Saint-Exupéry handeln könnte, das sie gefunden hatten. Doch Luc interessierte diese Frage zu diesem Zeitpunkt noch nicht.

Aufgrund des großräumigen Trümmerfeldes vermutete Luc, dass es sich um eine große Maschine handeln müsse, das Modell konnte er jedoch nicht bestimmen. Nach einiger Zeit verblasste sein Interesse an diesem Wrack. Der Aufbau seiner Tauchschule *Comptoir des plongée* und seiner Firma *Immadras*, mit der er Unterwasserprojekte durchführte, die Unterwasserfotografie weiterentwickelte und auf diese Weise mit Wissenschaftlern aus der Biologie und Archäologie zusammentraf, nahm ihn sehr in Anspruch. Eines seiner Großprojekte ist die Erforschung der Cosquer-Grotte am südöstlich von Marseille gelegenen Cap Morgiou – ganz in der Nähe des Fundortes jenes Flugzeugwracks, mit dem sich Luc so lange beschäftigt hatte. Die Erforschung dieser Höhle, an der er noch immer arbeitet, bezeichnet Luc Vanrell als das interessanteste Projekt seines Lebens.

Der Eingang zu der Höhle liegt 37 Meter unter dem Meer. Durch ein 120 Meter langes unterirdisches Tunnelsystem gelangt man in den über dem Meeresspiegel liegenden Teil. An der Wand der Höhle sieht man zwei nebeneinander liegende Zeichnungen eines Bisons. Sie sehen sich ähnlich und wie gestern angefertigt aus. Und doch liegen zwischen diesen beiden Zeichnungen 10 000 Jahre Menschheitsgeschichte.

Etwa 20 000 Jahre später stand nun Luc Vanrell vor den perfekt erhaltenen Zeugnissen für immer unbekannt bleibender Menschen aus einer Zeit, als noch Pinguine an der Küste Frankreichs lebten. Die Spuren eines Flugzeugabsturzes dagegen sind schon nach 60 Jahren beinahe verschwunden. Die Personen, die sie hinterließen, konnten jedoch noch leben.

Das Rätsel um das Verschwinden Saint-Exupérys

Antoine de Saint-Exupéry kehrte am 31. Juli 1944 von einem Aufklärungsflug, den er vom korsischen Bastia-Borgo aus unternahm, nicht zurück. Er war um 8.45h mit einer *P-38 Lightning* des Herstellers Lockheed Richtung Südfrankreich geflogen, um die Gegend von Grenoble-Annecy aus der Luft zu fotografieren.

Im Kriegstagebuch der Einheit 2/33, bei der Antoine de Saint-Exupéry als Major im Zweiten Weltkrieg diente, heißt es an diesem Tag:

> *Erste Luftbildaufklärung in großer Höhe über dem Süden Frankreichs.*
> *Flieger nicht zurückgekehrt.*
> *Ein sehr trauriger Zwischenfall trübt die Freude, die wir alle empfin*
> *den, je näher der Sieg rückt. Major Saint-Exupéry ist nicht zurück*
> *gekehrt. Um 9 Uhr war er auf der 233 nach Savoyen gestartet, um*
> *13 Uhr war er immer noch nicht zurück. Die Funkrufe blieben ohne*
> *Antwort, und die benachrichtigten Radarstationen suchen vergebens*
> *nach ihm. Um 14 Uhr 30 bestand keine Hoffnung mehr, daß er noch*
> *in der Luft sein konnte.*[4]

Der Treibstoff einer *P-38* reichte für maximal sechs Stunden. Um 15.30 Uhr nimmt der diensthabende amerikanische Leutnant Vernon Robinson einen Aktenvermerk auf dem Einsatzbericht vor: »Pilot did not return and is presumed lost.«[5] In der Spalte, in der üblicherweise die Ergebnisse des Einsatzes festgehalten werden, stehen die Worte »No Pictures«.

Dies sind die letzten offiziellen Zeugnisse, die über den Verbleib Saint-Exupérys Auskunft geben. Es gibt auf deutscher Seite keine Akten, die für diesen Tag den Abschuss einer *P-38 Lightning* belegen könnten. So ist der Schriftsteller und Pilot Antoine de Saint-Exupéry an diesem

Luftaufnahme des
Flugplatzes Borgo auf
Korsika, Anfang August
1944

23

31. Juli 1944 einfach verschwunden. Die Leerstelle eines solchen Verschwindens verlangt danach, gefüllt zu werden. Bereits seine Kameraden mutmaßten, der erfahrene Pilot, der bereits 7000 Flugstunden absolviert und viele schwierige Situationen überstanden hatte, sei vielleicht in der Schweiz gelandet, halte sich in Savoyen versteckt oder sei möglicherweise in Gefangenschaft geraten. So begannen sich schon früh Gerüchte über die Gründe seines Verschwindens zu bilden. Immer neue Versionen tauchten auf. Es wurde behauptet, ein deutscher Pilot namens Robert Heichele habe die Maschine des französischen Schriftstellers abgeschossen, dann wieder, er sei möglicherweise in den Alpen abgestürzt. Hartnäckig hielt sich auch die Vermutung, Saint-Exupéry habe Selbstmord begangen. Aus nicht bestätigten und nicht belegbaren Gerüchten werden Mythen.

Trotz seines Alters, das für den Kriegseinsatz als Pilot bereits zu hoch war, trotz zahlreicher gesundheitlicher Gebrechen und trotz seiner Berühmtheit hatte es Antoine de Saint-Exupéry als seine Pflicht begriffen, die Befreiung Frankreichs von der deutschen Besatzungsmacht als aktiver Pilot an der Seite der Amerikaner und der wenigen französischen Piloten, die ihr Land zur Zeit der Besetzung verlassen konnten, zu unterstützen. Nicht immer zur Freude derer, an deren Seite er stand. Als Mensch wurde er von seinen Kameraden und Vorgesetzten zwar hoch geehrt, doch war er ein eigensinniger und zuweilen auch fahrlässiger Pilot. Was er selbst am Tag seines letzten Fluges nicht wusste: Es wäre ohnehin sein letzter Flug gewesen. Man hatte sich entschlossen, Saint-Exupéry in die Pläne der Alliierten für die Befreiung Südfrankreichs einzuweihen. Als Mitwisser derartiger Geheimnisse hätte er nicht mehr als Aufklärungspilot fliegen dürfen, da eine Gefangennahme die gesamte Operation hätte gefährden können.

Der Einsatz Saint-Exupérys für sein Land und für eine Mission, die er als unerlässliches Aufbegehren der Menschlichkeit gegen ein menschenverachtendes System erachtete, hat den Piloten und Schriftsteller in Frankreich zu einem Nationalhelden, beinahe zu einem Heiligen werden lassen. Saint-Exupéry selbst, der sich aufgrund seines Namens zum Heiligen eignete, wollte zeitlebens jeglicher Tendenz zu seiner Verehrung entgegenwirken.[6] Er verlangte weder Privilegien für sich, noch hielt er sein eigenes Handeln oder gar sich selbst für etwas Besonderes.

»Es wird aussehen, als wäre ich tot, und das wird nicht wahr sein«, sagt der kleine Prinz in Saint-Exupérys Buch. Mindestens eine Generation ließ sich von der Vorstellung verzaubern, dass da ein feinsinniger Poet und Lebemann über den Wolken verschollen war und zumindest in der Fantasie seiner Leser zu einem Teil jenes Elements wurde, in das er sich in den 1920er-Jahren aufgeschwungen hatte. Jeder Schriftsteller ist wohl zu einem gewissen Teil auch die Figur, die er erschafft. Doch bei Saint-Exupéry nahm die Identifizierung ein extremes Ausmaß an. Für seine Leser ist Antoine de Saint-Exupéry selbst zum *Kleinen Prinzen* geworden.

Die Zerstörung eines Mythos ist grausam. Antoine de Saint-Exupéry, der feinsinnige Schriftsteller und Menschenfreund, wurde durch den Fund seines Flugzeugwracks zum Opfer eines ganz und gar nicht poetischen, sondern hässlichen und im Sinne Hannah Arendts auch banalen Vorgangs.

Ein Forschungsabenteuer beginnt

Forschung ist ein Tauschgeschäft. Und Wissen vermehrt sich, indem man es teilt. Lino von Gartzen rief bei der Tauchschule Luc Vanrells an, um mit ihm über die *Junkers Ju 88* ins Gespräch zu kommen.

Am Telefon teilte man ihm mit, Monsieur Vanrell sei nicht zu sprechen. Er sei generell sehr schwer zu erreichen, man wisse auch nicht, wie und wo und wann er erreichbar wäre, und er solle es doch vielleicht in einigen Tagen noch einmal probieren. Lino hinterließ die Nachricht, er habe Informationen zu jenem Flugzeug, jener *Junkers Ju 88*, zu der auch bereits Luc Vanrell geforscht hatte, und wolle sich gerne einmal mit ihm zusammensetzen, um die Informationen auszutauschen und vielleicht auf diese Weise in der Sache weiterzukommen. Nach einem Moment des Schweigens hieß es plötzlich, Monsieur solle bitte kurz warten, man wolle nachsehen, ob Monsieur Vanrell nicht vielleicht doch zu erreichen sei. Wenige Augenblicke später sprach Lino von Gartzen zum ersten Mal mit Luc Vanrell. Einen Tag später fuhr er nach Marseille, um ihn in seiner Tauchbasis *Immadras* zu besuchen.

Marseille Es ist ein verblüffender Anblick, wenn man sich einer Stadt einmal nicht

auf Augenhöhe nähert und Industrieviertel, Tankstellen, Autosalons und Großmärkte passiert, bis man sich schließlich durch Straßenschluchten windet, um ins Zentrum vorzudringen. Denn wenn man über die Hügel östlich von Marseille kommt, dann sieht man die Stadt mit einem Mal und als Ganzes vor sich liegen: die weit geschwungene Bucht mit den vorgelagerten Inseln, dann die graue Architektur, die in die Senke zwischen den nackten Bergen gegossen ist und aus der hier und da riesige quaderförmige Wohnblöcke emporragen – einer von ihnen die berühmte *Cité Radieuse* des Architektur-Neuerers Le Corbusier.

Durch schäbige Viertel geht es in dieser an schäbigen Vierteln reichen Stadt hinab an eine der Hafenstraßen, derer Marseille ebenfalls zahlreiche besitzt. Ein breites Tor gewährt die Einfahrt auf den betonierten Vorplatz eines Gebäudes, das aussieht wie eine alte Werkstatt. Hier liegt die Tauchschule Luc Vanrells, der das Geschäft mittlerweise an seine Mitarbeiter weitergegeben hat, um sich ganz seiner Forschungsfirma *Immadras* widmen zu können. In seiner ehemaligen Tauchschule, auf einem Gelände, das seit Jahrzehnten seiner Familie gehört, betreibt er nur noch ein kleines Büro.

Hier begannen Luc Vanrell und Lino von Gartzen, ihre Geschichten auszutauschen: nach welchen Wracks sie bereits getaucht hatten, welche Projekte sie bearbeiteten, welche Fragen sich in Frankreich und in Deutschland immer wieder in der Zusammenarbeit mit Behörden ergaben, und über was man noch so alles reden kann, wenn man eine ausgefallene Leidenschaft wie die Unterwasserarchäologie pflegt.

Nachdem die beiden ihre jeweiligen Informationen über die *Junkers Ju 88* ausgetauscht und vereinbart hatten, das Wrack einmal gemeinsam zu betauchen, kam Luc Vanrell auf das Flugzeugwrack von Antoine de Saint-Exupéry zu sprechen. Und so erfuhr Lino aus erster Hand die Geschichte der Entdeckung, Erforschung und Identifizierung des 60 Jahre lang verschollenen Flugzeugs des Autors des *Kleinen Prinzen*.

Das Armband

Ein Zufall hatte im Herbst des Jahres 1998 einen Hinweis darauf gegeben, wo der verschollene Antoine de Saint-Exupéry seine letzte Ruhestätte gefunden haben könnte. Am 7. September 1998 holte der Marseiller Fischer Jean-Claude Bianco wie jeden Tag seine Netze ein. Er war wie jeden Morgen zu einem Fischgrund südöstlich von Marseille gefahren und hatte die Netze vom Beifang befreit. Üblicherweise handelt es sich dabei um Stöcke, Algen, Teerklumpen oder was sich sonst noch alles auf dem Meeresboden befindet. Eines dieser allesamt wertlosen Gebilde warf er jedoch nicht über Bord, sondern legte es zur Seite. Als er mit der Arbeit des Netzeinholens und -reinigens fertig war, untersuchte er noch einmal den Klumpen, den er zuvor aus einem Grund, den er selbst nicht nennen konnte, aufgehoben hatte. Er zerbrach ihn und sah, dass sich ein Gegenstand darin verbarg. Als er diesen Gegenstand vom Schmutz befreite, erkannte er Kettenglieder eines silbernen Armbands. Er reinigte ein größeres Stück Silber und zum Vorschein kam eine Plakette, auf der eine Inschrift eingeprägt war. Als Jean-Claude Bianco die Inschrift las, wusste er, dass er soeben einen sensationellen Fund gemacht hatte. Auf dem kleinen Stück Silber stand: *Antoine de Saint-Exupéry (Consuelo) c/o Reynal and Hitchcock Inc. 386 4th Ave. N.Y.U.S.A.*

Das Armband
Antoine de Saint-
Exupérys im Musée
de l'air et de l'espace,
Le Bourget, Paris

Jean-Claude Bianco
an der Absturzstelle
(mit Lena von Gartzen)

Es handelte sich bei diesem Armband um den ersten konkreten Hinweis,
wo Antoine de Saint-Exupéry, französischer Nationalheld, mit seiner
P-38 Lightning abgestürzt sein konnte.

Es gab zu diesem Zeitpunkt aus den Lebzeiten Saint-Exupérys keinen
Anhaltspunkt für die Existenz eines solchen Armbandes, weder eine Fo-
tografie noch eine Aufzeichnung. Doch sprach die Inschrift für die Au-
thentizität des Fundes, vermutlich ein Geschenk seiner Frau Consuelo.
Das Armband wirkt wie eine Art Erkennungsmarke, auf der die wichti-
gen Identitätsmerkmale verzeichnet sind: der Name des Piloten, der
Name seiner Frau und Name und Anschrift seines Verlags Reynal and
Hitchcock in New York.

Die Authentizität des Armbandes wurde zunächst angezweifelt. Erst nachdem ein Stofffetzen, der sich zwischen den Kettengliedern verfangen hatte, untersucht worden war, gewann es an Beweiskraft. Es handelte sich um ein Stück Naturseide – vermutlich Teil eines Pilotenanzugs, der aus ebendiesem Stoff gewebt war und auch unter Wasser jahrzehnte-, wenn nicht jahrhundertelang überdauern kann. Doch auch ein Armband mit einem Stofffetzen konnte eine Fälschung sein. Tatsächlich sah sich der redliche Fischer und Finder Jean-Claude Bianco in den Monaten nach seinem Fischzug mit Vorwürfen konfrontiert, die ihm unterstellten, das Armband und die ganze Geschichte um seinen Fund erfunden zu haben. Einer jener Menschen, die sich von Beginn an für die Geschichte des Fischers interessierten, war Luc Vanrell. Er setzte sich wenige Tage nach Bekanntwerden der Entdeckung mit ihm in Verbindung und befragte ihn nach dem genauen Ort, an dem ihm dieser sagenhafte Fund ins Netz gegangen war. Er war froh, bei Jean-Claude Bianco an einen Mann geraten zu sein, der sich nicht als Held darstellen wollte, sondern blieb, was er war: ein Mann, der einen seltenen Fisch gefangen hatte.

Luc Vanrell erinnerte sich an die Vermutung, die sein Vater einst geäußert hatte, als Jean-Claude Bianco ihm berichtete, wo er an jenem Tag seine Netze ausgeworfen hatte: in der Gegend um die Île de Riou.

Die Gorgonie

Wieder betauchte Luc Vanrell jene Stelle an der Île de Riou, die er bereits Jahre zuvor häufig untersucht hatte. Er sah sich noch einmal nach größeren Flugzeugteilen um, die eine Identifikation des Flugzeugtyps ermöglichen könnten. Die Probleme dabei waren vielgestaltig: Die Teile des Wracks lagen auf eine Fläche von etwa 1000 mal 300 Metern verteilt

Luc Vanrell bei Untersuchungen am Wrack der *P-38 Lightning*

und waren sehr klein. Diese Umstände ließen mehrere Schlüsse zu: Das Flugzeug musste mit sehr hoher Geschwindigkeit und wahrscheinlich mehr oder weniger senkrecht auf die Wasseroberfläche gestürzt und beim Aufprall in unzählige Stücke zerborsten sein. Die Größe des Trümmerfeldes erklärte sich zum einen aus dem Aufprall und war zum anderen durch Grundnetze verursacht, mit denen die verhältnismäßig kleinen Metallteile über den Meeresboden geschleift und verteilt worden waren. Es ist anzunehmen, dass sich weitere Teile der Maschine außerhalb dieses Trümmerfeldes befinden und dass außerdem einige der Stücke über die Jahrzehnte hinweg als Beifang aus dem Wasser gezogen und als Metallschrott verkauft oder weggeworfen wurden.

Im Jahr 2000 war Luc Vanrell sich schließlich sicher, die Puzzleteile gefunden zu haben, die zu einer Bestimmung der Wrackteile führen könnten. Er kontaktierte Philippe Castellano, einen ausgewiesenen Experten für die Erforschung von Flugzeugwracks aus dem Zweiten Weltkrieg und Präsident der Organisation *Aéro-Re.L.I.C* (»Aéro-Recherche, Localisation et Identification de Crashes«).

P.R. LIGHTNING : Armed only with cameras instead of guns the P-38-F5 is one of the standard photographic recon-
nance types of the U.S.A.A.F.

Auf der Grundlage von Fotos der Wrackteile und einer Beschreibung des
ungefähren Fundortes kam Philippe Castellano zu dem Schluss, dass Luc
Vanrell nicht nur mit Sicherheit eine *P-38 Lightning*, sondern mit großer
Wahrscheinlichkeit auch das Flugzeug gefunden hatte, mit dem Antoine
de Saint-Exupéry am 31. Juli 1944 verschwunden war.

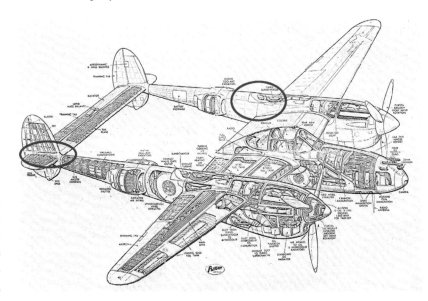

Von der *P-38* wurden
der Bereich um den
Turbolader am linken
Rumpf und ein Teil des
rechten Leitwerkes ge-
borgen und untersucht.

32

In den Jahren 1943 und 1944 waren etwa 40 Maschinen des Typs *P-38 Lightning* in Südfrankreich abgestürzt. Zwölf dieser 40 Maschinen fielen ins Mittelmeer. Vier dieser zwölf Maschinen gehörten zum Typ J, den auch Saint-Exupéry steuerte und dem Philippe Castellano die von Luc Vanrell fotografierten Wrackteile zuordnen konnte. Von den vier verbleibenden Flugzeugen waren drei Abstürze bereits gut dokumentiert und geortet. Es handelte sich um die drei amerikanischen Flieger Meredith, Malone und Cole. Das nun gefundene vierte Flugzeug musste demnach mit hoher Wahrscheinlichkeit das Flugzeug Saint-Exupérys sein.

Am 25. Mai 2000 wurde der Fund den Behörden bekannt gegeben. Knapp hundert Jahre nach der Geburt des Schriftstellers und Piloten. »Das war unser heiliger Gral«, kommentierte Philippe Castellano den Fund der Maschine vor der Presse.

Das Grab des Autors des *Kleinen Prinzen* schien gefunden, doch noch gab es keine Gewissheit. Für einen Beweis mussten die fraglichen Wrackteile geborgen werden. Nach einem mehrjährigen Gang durch die Behörden wurde die Bergung der Wrackteile im Jahr 2003 durch das

Philippe Castellano zeigt Lino von Gartzen die Seriennummer der *P-38*.

französische Kulturministerium genehmigt. Auf einem der stark verbogenen und korrodierten Metallteile der Maschine fand sich die werksseitig eingeschlagene Nummer 2734, die eine zweifelsfreie Zuordnung der Maschine ermöglichte. Es handelte sich tatsächlich um die Überreste des Flugzeugs, das Antoine de Saint-Exupéry am Tag seines Verschwindens geflogen hatte.

Nach der Bergung der Wrackteile wurde die Frage, warum Saint-Exupéry an jenem Tag an dieser Stelle ins Meer gestürzt war, erneut öffentlich diskutiert. Denn über die Gründe für den Absturz konnten die zertrümmerten Einzelteile seiner Maschine keine Auskunft mehr geben. Doch gab es noch ein Detail, über das Luc Vanrell bis dahin nur wenige Worte verloren hatte. Während seiner zahllosen Tauchgänge um das Flugzeugwrack hatte er eine Gorgonie auf dem sandigen Grund bemerkt. Eine Gorgonie ist an sich nichts Besonderes. Sie ist eine Mittelmeerkoralle, die sich an festen Gegenständen ansiedelt. Ein solcher Gegenstand kann ein Stein oder Fels sein – oder aber auch ein Wrackteil. Da diese Weichkorallen in Südfrankreichs Unterwasserwelt besonders häufig vorkommen, wäre es müßig, sie alle wahllos daraufhin zu untersuchen, ob sich darunter nicht vielleicht ein interessantes Fundstück befinden könnte. Luc Vanrell jedoch schwamm an dieser einen Koralle nicht vorüber, sondern griff nach ihr, um festzustellen, was sich darunter verbarg. Als er am Stamm der Gorgonie in den Sand fasste, konnte er ertasten, dass sie an einer Art Metallstange festgewachsen war. Er grub mit der Hand ein wenig tiefer und stieß auf einen großen Gegenstand aus Metall. Nun wäre auch ein großer Gegenstand aus Metall nicht weiter beachtenswert, da der Meeresboden um Marseille voll von allerlei Gegenständen ist, die meisten von ihnen aus Metall und zu einem sehr großen Teil nicht erwähnenswert, weil es sich um schlichten Müll handelt, etwa um die Reste eines versunkenen Fischerbootes oder einen billig entsorgten Dieselmotor. Doch hier, in diesem Gebiet, in dem die Trümmer-

Der Motor (l.) und
die Gorgonie (r.)

teile von Antoine de Saint-Exupérys Maschine über ein weites Feld ver-
streut lagen, musste Luc Vanrell das Unwahrscheinliche annehmen und
noch ein wenig weiter im Sand graben. Eher um auszuschließen, dass da
noch etwas Relevantes lag, als in der Hoffnung, tatsächlich etwas zu finden, was Aufschluss über die Absturzursache geben könnte.

Mit einigen Handgriffen konnte er die Oberfläche eines Motorblocks mit
sechs Zylindern freilegen. Es konnte sich also um den Motor eines versunkenen Fischerbootes handeln. Doch als Luc noch ein wenig weiter
grub, legte er eine zweite Reihe von Zylindern frei. Und zwölfzylindrige
Fischermotoren gibt es in der Regel nicht. Er konnte sich nun sicher sein,
auf den Motor eines Flugzeugs aus dem Zweiten Weltkrieg gestoßen zu
sein. Seine erste Vermutung, es müsste sich hierbei um einen der beiden
Motoren aus dem Flugzeug Saint-Exupérys handeln, war nach kurzer
Zeit widerlegt. Luc fotografierte ein Škoda-Symbol auf dem Zylinderblock und konnte das Fundstück so als einen V12-Motor von Daimler-
Benz identifizieren. Der Motor gehörte also zu einem deutschen
Flugzeug.

Das Škoda-Logo auf
dem Zylinderblock

Nun konnte es natürlich ein Zufall sein, dass in dem Gebiet, in dem die Trümmerteile der *P-38* Saint-Exupérys gefunden worden waren, noch ein weiteres Wrack lag. Wer eine Gegend unter Wasser jedoch so gut erforscht hat wie Luc Vanrell, der wird einen solchen Zufall für unwahrscheinlich halten. Denn die Bucht von Marseille ist groß und 200 Wracks verteilen sich auch hier so weiträumig, dass es in der Tat eine Besonderheit darstellt, wenn sich zwei Trümmerfelder überschneiden.

Der Schluss lag nahe, dass zwei Flugzeuge ineinander geprallt waren. Vielleicht hatte es einen Luftkampf gegeben, in dem ein Flieger den anderen gerammt hatte. Eine verlockende Hypothese, die zu Spekulationen reizt.

Der deutsche Motor im französischen Trümmerfeld eines amerikanischen Flugzeugwracks war ein Puzzleteil, das nicht zum Rätsel gehörte und unbedingt nach einer Zuordnung verlangte.

Tauchgang zum Flugzeugmotor

Lino von Gartzen hatte zwar aus der Presse von der Bergung des »heiligen Grals« der französischen Unterwasserarchäologie erfahren, doch war es noch einmal etwas anderes, die Geschichte unmittelbar von demjenigen zu hören, der das Wrack der *P-38 Lightning* Saint-Exupérys entdeckt hatte. Es war nun an der Zeit, das Ziel der Zusammenarbeit mit Luc Vanrell klar zu definieren: Es galt herauszufinden, ob neben dem örtlichen auch ein zeitlicher oder gar ursächlicher Zusammenhang zwischen dem gefundenen Motor und dem Absturz Saint-Exupérys bestand.

Eine gute Grundlage war durch die gemeinsame Wertebasis der beiden Taucher gegeben: Sowohl Lino von Gartzen als auch Luc Vanrell betreiben die Unterwasserarchäologie zwar als professionelles, nicht aber als profitorientiertes Unterfangen. In der Regel sind durch die Funde alter Metallteile weder Ruhm noch Titel noch Geld zu erwerben. Natürlich gab es neben der gegenseitigen Sympathie auch pragmatische Gründe, die eine Zusammenarbeit sinnvoll erscheinen ließen. Lino eröffnete sich die Chance, an einem sehr interessanten Projekt mitarbeiten zu können. Für Luc bot sich die Möglichkeit, Zugang zu deutschen Industrie- und Militärarchiven zu erlangen. Dazu muss man wissen, dass jeder Bundes-bürger das Recht auf Recherche im Bundesarchiv hat, zu dem auch das Militärarchiv in Freiburg gehört. Auch einem französischen Staatsbürger ist dieser Zugang grundsätzlich möglich, wenn er sein wissenschaftliches Interesse in einem Antrag begründet. Von Vorteil ist es dabei, wenn man für eine offizielle Institution wie etwa ein Ministerium oder eine Uni-versität arbeitet. Das entscheidende Hindernis kann jedoch die Sprach-barriere sein, insbesondere bei einer Recherche, bei der man großräumig nach weiterführenden Hinweisen Ausschau hält.

Luc Vanrell und Philippe Castellano auf dem Weg zur Absturzstelle

Der Motor auf dem
Meeresgrund

Bei einem gemeinsamen Tauchgang im Juni 2005 suchten Lino von Gartzen und Luc Vanrell nach der Seriennummer des Motors und nach dem
Wartungsschild, mussten aber feststellen, dass sich beides offenbar auf
der nicht zugänglichen Unterseite des Motors, tief im Sand befand. Der
einzig neue Anhaltspunkt, der sich Luc und Lino nach diesem Tauchgang bot, war eine Bauteilnummer auf dem Kurbelgehäuse.

Für Unterwasserarchäologen stellt das Erlebnis des gemeinsamen Tau-
chens zu versunkenen Flugzeugen, Schiffen und Städten einen guten Teil
der Faszination dar. Für den Laien mag es mitunter schwerer nachvollziehbar sein, worin der Reiz der Beschäftigung mit einigen im Sand versunkenen Metall- oder Holzteilen liegen soll. Denn nur wenige Wracks
sind gut erhaltene und gewissermaßen aus der Zeit gefallene Objekte,
die wie Museumsstücke vor dem Taucher ausgebreitet auf dem Meeresgrund liegen: gut ausgeleuchtet, von allen Seiten zu betrachten und de-
korativ von Fischschwärmen umschwommen. In Wirklichkeit handelt
es sich in der Tiefe von 56 Metern, in der der rätselhafte Motor lag, um
einen ausgesprochen lebensfeindlichen und ungemütlichen Ort. Es
dringt, je nach Tageszeit und Klarheit des Wassers, nur wenig Sonnenlicht

Die Bauteilnummer
auf dem Kurbelgehäuse
des Motorblocks

bis hierhin vor. Taucher sind in dieser Tiefe auf Lampen angewiesen, die jedoch auch bei noch so starker Leuchtkraft nur einen kleinen Ausschnitt zu erhellen imstande sind. Für ein Trümmerfeld wie das von Antoine de Saint-Exupérys Flugzeug bedeutet dies, dass jeweils nur ein kleiner Bereich der Absturzstelle sichtbar ist. In dieser Situation ist es schwierig, sich einen Überblick über die Gesamtsituation zu verschaffen: Welche Teile liegen hier überhaupt? Wie sind sie zueinander positioniert? Wo beginnt und wo endet das Trümmerfeld? All diese Fragen lassen sich nicht mit einem Blick und auch bei Weitem nicht bei einem Tauchgang beantworten. Es bedurfte umfassender Recherchen, die nur im Rahmen eines groß angelegten Forschungsprojektes zu leisten waren, um Antworten auf sie zu finden.

Zurück in Deutschland startete Lino von Gartzen seine Recherche nach allen verfügbaren Informationen, die nötig waren, um die Geschichte des Motors, des dazugehörigen Flugzeuges und des damaligen Piloten zu rekonstruieren. Die Wahrscheinlichkeit, sich auf diesem Wege einer Lösung des Rätsels um Saint-Exupérys letzten Flug zu nähern, schätzten Luc und Lino allerdings als relativ gering ein.

Faszination Unterwasserarchäologie

Der Franzose Jacques Cousteau und der Österreicher Hans Hass gelten als die Erfinder des Sporttauchens. Hans Hass gelang es im Jahr 1942 als erstem Menschen, mit einem selbst entworfenen, am Körper getragenen Atemgerät zu einem »Fischmenschen« zu werden – so bezeichneten sich die Gerätetaucher dieser ersten Generation. Cousteau entwickelte die »Lungenautomaten« von Hans Hass im Jahr 1943 zusammen mit dem Ingenieur Emile Gagnan zur »Aqualunge« weiter, die in ihrer Funktionsweise die Grundlage für den heutigen Tauchsport bildet. Cousteau und Hass entwickelten parallel und unabhängig voneinander Gehäuse für die Unterwasserfotografie, drehten preisgekrönte Filme unter Wasser und schufen mit ihren Erfindungen und Dokumentationen auch die Grundlage für die unterwasserarchäologische Forschung.

Während Hans Hass sich überwiegend als Meeresbiologe betätigte, die Flora und Fauna der Unterwasserwelt erkundete (und äußerst lesenswerte und sehr unterhaltsame Bücher und Filme über seine Erlebnisse unter Wasser veröffentlichte), erforschte Jacques Cousteau neben der Meeresbiologie auch die menschlichen Spuren vergangener Zeiten auf dem Meeresboden. Cousteau hatte eigentlich Pilot werden wollen. Er trat 1933 in die französische Kriegsmarine ein, begrub aber seine ursprünglichen Pläne, Marineflieger zu werden, im Jahr 1935, als er bei einem Autounfall schwer verletzt wurde.

Mit seinem Tauchschiff *Calypso* führte er von 1950 an Forschungsprojekte auf der ganzen Welt durch, die jeweils in enger Kooperation mit offiziellen Stellen stattfanden. Im Jahr 1952 entdeckte Cousteau, dem Hinweis eines invaliden Tauchers folgend, einige Kilometer östlich von Marseille am Rande des kahlen Felsens La Grande Congloué in über 40 Meter Tiefe ein römisches Amphorenschiff, das dort etwa 2300 Jahre zuvor gesunken war.

Von 1952 bis 1957 wurde die erste systematische Bergung eines Unterwasserfundes vorgenommen, wodurch Jacques Cousteau als Pionier der Unterwasserarchäologie gelten kann.

Was Jacques Cousteau nicht wissen konnte: Wenige hundert Meter von jenem Ort entfernt, an dem er die Unterwasserarchäologie begründete, auf der anderen Seite jenes kahlen Felsens, an dem noch heute eine rostige Leiter und eine Gedenktafel an die Expedition Cousteaus erinnern, war wenige Jahre zuvor – an ebenjenem 31. Juli 1944 – die *P-38* Antoine de Saint-Exupérys auf die Wasseroberfläche gestürzt und zerborsten und ihre Teile auf den Meeresgrund gesunken, um allmählich von Fischernetzen und Strömung zwischen der Île de Riou und La Grande Congloué verteilt und von Sand bedeckt zu werden.

So begann die Karriere des einen fast genau an dem Ort, an dem das Leben des anderen endete.

Dem amerikanischen Unterwasserarchäologen George F. Bass gelang im Jahr 1960 die erste vollständige Bergung eines antiken Schiffswracks. Bass war es auch, der 1973 die erste Organisation gründete, die sich der Unterwasserarchäologie widmete: das Institute of Nautical Archaeology

(INA). Bass ist einer der wenigen Taucher, die ihr Fachgebiet auch akademisch betreiben. Im Jahr 1976 gründete er das Nautical Archaeology Program an der Texas A&M University, das er selbst bis zu seiner Emeritierung leitete. Der Katalog der von INA und der Texas A&M University durchgeführten Forschungsprojekte reicht von der Untersuchung von Wracks aus der Zeit Tutanchamuns über antike griechische Schiffe, Schiffe aus römischer und byzantinischer Zeit, Wracks aus dem Mittelalter und der Renaissance bis in die Neuzeit und zu Funden aus dem 20. Jahrhundert, vor allem aus der Zeit des Zweiten Weltkrieges.

Wie auch andere Archäologen verzeichnen Unterwasserarchäologen ihre Funde, sie beschreiben, recherchieren und interpretieren, welchen Aussagewert der jeweilige Fund aufgrund seiner Lage und seiner Beschaffenheit hat, und belassen dann den Fundort nach Möglichkeit genau so, wie sie ihn vorgefunden haben. Ebenso wie eine römische Villa in Pompeji am besten geschützt ist, wenn sie nach einer Grabung wieder durch

Taucher beim Anfertigen einer Unterwasserskizze

Asche und Erde geschützt ist, die den Verfall bereits in den vergangenen Jahrtausenden aufzuhalten vermochten, verhält es sich auch unter Wasser. Ein Schiff, das unter Wasser seit Jahrzehnten oder Jahrhunderten überdauert hat, kann durch die Berührung mit Sauerstoff und Sonne innerhalb weniger Stunden zu Staub zerfallen. Nur in wenigen Fällen und unter großem Material- und Kostenaufwand werden antike Schiffe gehoben – wenn etwa die eingehende Erforschung eines Wracks nicht unter Wasser geleistet werden kann oder die Fundstücke von allgemeinem Interesse sind und deshalb in einem Museum zugänglich gemacht werden sollen. Eher selten werden tatsächlich Schätze aus Gold oder anderen kostbaren Materialien gefunden und auch geborgen – meist, um diese vor Schatzsuchern in Sicherheit zu bringen.

In Frankreich gibt es traditionell ein öffentliches Interesse für archäologische Erkenntnisse aus dem Meer. Das Land verfügt über eine sehr lange Küstenlinie, die, insbesondere in der Gegend um Marseille, bereits seit Jahrtausenden einen Schmelztiegel für den Handel im Mittelmeer bildete. Das Sporttauchen und auch die Beschäftigung mit Kulturgut aus vergangenen Zeiten wurden daher gerade hier seit den 1950er-Jahren populär.

Im Jahr 2001 wurde von der UNESCO die Konvention zum Schutz des Unterwasserkulturerbes geschaffen, durch die Wracks und Unterwasserruinen vor jeglicher kultureller und materieller Plünderung bewahrt werden sollen. So ergibt sich aus jedem Unterwasserfund zunächst eine Meldepflicht und die Notwendigkeit, mit den jeweiligen Denkmalschutzbehörden zusammenzuarbeiten. Diese Regelung ist sinnvoll und wichtig. Sie kann jedoch im Zusammenspiel mit einigen anderen nationalen und internationalen Regelungen auch zu einem Hemmschuh für die systematische und wissenschaftliche Erforschung eines Fundortes werden. Unterwasserarchäologie ist ausgesprochen zeitaufwendig und teuer. Eine wissenschaftliche Untersuchung wird nur dann von Förderstellen oder anderen Geldgebern unterstützt, wenn Fundort und -art und nach Möglichkeit auch der wissenschaftliche Erkenntnisgewinn bereits vor dem Projekt klar bestimmbar sind.

Stellen wir uns vor, die Suche der *P-38 Lightning* Antoine de Saint-Exupérys wäre Ziel einer offiziellen Untersuchung gewesen: Weiträumige Gebiete hätten in jahrelanger Arbeit untersucht werden müssen, ohne jegliche Gewissheit, auch nur ungefähr an dem Ort zu suchen, an dem die Maschine tatsächlich abgestürzt ist. Der mögliche Erkenntnisgewinn stünde in keinem Verhältnis zu dem unmäßigen Aufwand an Arbeit, Material und öffentlichen Geldern.

Auch die Quellenlage ist für Unterwasserfundorte ungleich unklarer als für Stätten, die unter der Erde liegen. Bauten oder Städte und deren Zerstörung finden in Schriftstücken Erwähnung, nicht so unterwasserarchäologische Fundstätten. In den meisten Fällen weisen keine Karte, keine Urkunde und kaum ein offizielles Dokument darauf hin, an welcher Stelle ein Unterwasserfund exakt zu vermuten ist. Ganz gleich, ob sie nun einem Sturm, einem technischen Defekt oder einer Maschinengewehrgarbe zum Opfer gefallen sind – es gibt nur wenige Anhaltspunkte dafür, wann welches Schiff oder Flugzeug an welcher Stelle versunken ist. Auf dem Wasser gibt es nur selten geologische Merkmale, anhand derer Augenzeugen den exakten Ort eines Untergangs angeben könnten. Und eine ungefähre Angabe bedeutet für diese Disziplin einen ungeheuren Aufwand.

So werden spektakuläre Funde meist zufällig und häufig von Freizeittauchern gemacht, die in weit größerer Zahl unter Wasser unterwegs sind als Auftrags- und Berufstaucher. Erst wenn eine vermeintlich unbedeutende Beobachtung immer wieder kritisch und auf ihre Schlüssigkeit hinterfragt wird, rückt eine ungewöhnliche Entdeckung in den Bereich des Möglichen. Ein Beispiel dafür ist die an sich unbedeutende Gorgonie, die Luc Vanrell nur deshalb untersuchte, weil sie auf dem Sand wuchs

Wracks sind Orte,
um die sich Mythen
spinnen

und er wusste, dass sich aus diesem Grund ein fester Gegenstand darunter befinden musste.

Dieses Beispiel zeigt, was alles notwendig ist, um unter Wasser eine interessante Entdeckung machen zu können. Neben der taucherischen Erfahrung, der genauen Ortskenntnis, der Neugier, Hartnäckigkeit und Leidenschaft für das Fach benötigt man auch die Fähigkeit zu erkennen, welche Stellen auf dem sandigen Meeresgrund so aussehen, als läge unter Sand, Steinen und Pflanzen etwas von Menschen Gemachtes. Doch all diese Eigenschaften und Fähigkeiten werden einen Unterwasserarchäologen nicht zur Entschlüsselung eines Unterwasserrätsels führen, wenn nicht noch zwei weitere Faktoren hilfreich zur Seite stehen: Zufall und Glück.

Eine glückliche Kindheit

Antoine Jean-Baptiste Marie Roger de Saint-Exupéry wurde am 29. Juni 1900 in Lyon geboren.[7] Er hatte vier Geschwister: die 1897 geborene Marie-Madeleine, die Zweitälteste Simone, die ein Jahr und einen Tag vor seiner Geburt auf die Welt gekommen war. Nach Antoine wurden im Jahr 1902 der einzige Bruder François und ein Jahr später das jüngste der Geschwister, Gabrielle, geboren. Als Antoine noch nicht einmal vier Jahre alt war, starb sein Vater Jean de Saint-Exupéry im Alter von nur 41 Jahren an einem Schlaganfall. Von nun an zog Marie ihre Kinder alleine auf. Materiell wurde sie von ihrer Großtante und Patin, der Gräfin de Tricaud unterstützt, auf deren Schloss Saint-Maurice-de-Rémens Marie mit ihren fünf Kindern künftig etwa die Hälfte des Jahres verbrachte. Die übrigen sechs Monate lebten sie in der Lyoner Wohnung der Gräfin oder im Schloss La Môle, einem ehemaligen Kloster in der Nähe von Saint-Tropez, das der Familie Marie de Saint-Exupérys gehörte.

Der Begriff »verarmter Adel« klingt vielleicht übertrieben angesichts einer Kindheit in Schlössern, doch waren die Saint-Exupérys zumindest keine Aristokraten, deren Nachkommen nicht darauf angewiesen waren, einer bürgerlichen Beschäftigung nachzugehen. Marie de Saint-Exupéry arbeitete ab 1914 als Pflegeschwester. Zeitlebens sollten Antoine materielle Sorgen plagen. Noch im Jahr 1942 schreibt er seiner Frau Consuelo von »immensen materiellen Sorgen«.

Trotz des Schattens, der sich durch den Tod des Vaters über die Familie gelegt hatte, müssen Antoine und seine Geschwister eine sehr glückliche Kindheit erlebt haben. Marie de Saint-Exupéry scheint eine ebenso hingebungsvolle, mitfühlende wie nachgiebige Mutter gewesen zu sein, wie sie andererseits auch Disziplin von ihren Kindern einzufordern versuchte – wenn auch letztere Versuche wohl nicht von besonderem Erfolg gekrönt waren. Antoine de Saint-Exupéry bezeichnete sich selbst stets als disziplinlos und schätzte später die klaren Regeln, die innerhalb der Armee galten.

Marie ermunterte ihre Kinder in allem, was mit den schönen Künsten zu tun hatte. Sie regte sie dazu an, die Geschichten, die sie ihnen erzählte oder die sie in der Bibliothek des Onkels fanden, als kleine Theaterstücke zu inszenieren. Es existieren Skizzenbücher, die Zeugnis davon geben, dass es sich dabei nicht nur um spontane Spiele handelte, sondern von den Kindern für die Stücke jeweils eine Art Regiekonzept entwickelt wurde. Marie versuchte ihre Kinder auch für Literatur zu begeistern. Insbesondere ihre Söhne hielt sie bereits von früher Kindheit dazu an, Jules Verne und Hans-Christian Andersen zu lesen. Neben Antoine sollten noch zwei weitere Geschwister in ihrem späteren Leben Bücher veröffentlichen: Simone, die eine Reihe von Erzählungen publizierte und sich auf Drängen ihres Bruders dabei in Anlehnung an das Schloss, in dem sie und ihre Geschwister die Sommer ihrer Kindheit verbracht hatten, Simone de Rémens nannte. Erzählungen der ältesten Schwester Marie-

Madeleine wurden ebenfalls veröffentlicht, allerdings erst nach ihrem Tod im Jahr 1927.

Bereits in seiner Kindheit verfasste Antoine Gedichte und Zeichnungen und auch einige Prosastücke sowie den Anfang eines Opernlibrettos. Auch zeugen schon die frühen Briefe von seinen Ausdrucksmöglichkeiten. Ein eigenes Kapitel könnte man den Briefen Antoine de Saint-Exupérys widmen, die in seinem Œuvre ein vielleicht zu wenig beachtetes Genre darstellen. Diese Briefe, die nicht nur als literarische Dokumente wunderbar zu lesen, sondern darüber hinaus häufig mit witzigen Zeichnungen versehen sind, würden gesonderte Aufmerksamkeit verdienen. Schon damals gewöhnte Antoine sich an, nachts zu schreiben, und wenn ihm ein Vers oder Absatz besonders gelungen erschien, diesen sogleich seiner Familie und später dann Freunden zum Vortrag zu bringen – ganz gleich, ob diese noch wach waren oder bereits schliefen. Diese Begeisterung, die in Erzählungen seiner Freunde als ansteckender, wenn auch zuweilen anstrengender Überschwang geschildert wird, sollte ihn sein ganzes Leben lang auszeichnen und sich nicht nur auf eigene Werke, sondern auf alles, was ihn bewegte, beziehen. Was ihn beschäftigte, äußerte er prompt und unbedingt darum bemüht, sich so verständlich wie möglich zu machen.

Antoine ging in der Kindheit wie auch sein ganzes späteres Leben hindurch jeglicher Ehrgeiz ab. Er besuchte ab 1909 die Jesuitenschule Notre-Dame de Saint-Croix in Le Mans, wohin die Familie in diesem Jahr zog. 1915 wurde er Internatsschüler der Villa Saint-Jean in Fribourg, wo er 1917 seine Schullaufbahn mit einem mittelmäßigen Abitur beschloss. Doch Antoines Kindheit war nicht nur von der Beschäftigung mit Literatur und Theater geprägt. Er interessierte sich auch für Technik. Seinem Biografen Luc Estang zufolge wurde sein Interesse für Technik im Alter von vier Jahren durch die Reise auf einer Lokomotive geweckt. Auch habe er im frühen Kindesalter vom Fliegen geträumt und versucht, ein flugfähiges Fahrrad zu konstruieren. Wenn man die spätere Entwicklung eines Menschen kennt, so erscheinen auf einmal alle Details aus der Kindheit wie passgenaue Mosaiksteine, die nichts anderes als den Weg vorgezeichnet haben, den die beschriebene Person schließlich beschritten hat. Wenn man die Verklärung aus der Betrachtung der Kindheitsjahre tilgt, so darf man fragen, welches Kind oder welcher Junge nicht einmal den Traum vom Fliegen oder von der Konstruktion eines fliegenden Fahrrads träumte. Antoine de Saint-Exupéry verbrachte eine glückliche Kindheit, in der ihm von seiner Mutter die Möglichkeit gegeben wurde, seinen Neigungen nachzugehen und diese auszubilden. Eine weitere Verklärung dieser Kindheit scheint deshalb unnötig.

Antoine de Saint-Exupérys erster Flug im Juli 1912

Antoines Begeisterung für das Fliegen wurde mit Bestimmtheit erstmals am 8. August 1908 geweckt, als er in Le Mans zusammen mit seinem Bruder eine Vorführung des Flugpioniers Wilbur Wright besuchte.

Seinen ersten Flug unternahm er im Jahr 1912. Die Familie verbrachte den Sommer wie jedes Jahr im Schloss Saint-Maurice-de-Rémens. Antoine fuhr mit seiner Schwester Gabrielle regelmäßig zu einem nahe gelegenen Flugfeld, auf dem neue Flugzeuge entworfen und getestet

49

wurden. Nach langwierigem Bitten wurde er schließlich von dem 20-jährigen Mechaniker Alfred Thénoz zu einem kurzen Flug mitgenommen, der seine Begeisterung für Flugzeuge noch verstärkte. Hier wurde der Keim einer Begeisterung gesetzt, die ihn Jahre später die Ausbildung zum Piloten absolvieren und nie mehr loslassen sollte.

Antoine de Saint-Exupéry betonte als Erwachsener stets, dass er weder ein schreibender Pilot noch ein fliegender Schriftsteller sei. Er legte Wert darauf, als Schriftsteller und Pilot oder, besser gesagt, als eine Einheit aus Schriftsteller und Pilot wahrgenommen zu werden. Er flog nicht, um daraus Erfahrungen für das Schreiben zu sammeln. Er flog um des Fliegens und der damit verbundenen Aufgaben willen. Gewiss lieferte ihm das Fliegen die Stoffe für seine Bücher. Doch die Art und Weise, wie Saint-Exupéry über das Fliegen schrieb, spricht weit mehr Menschen an als nur diejenigen, die sich für die Fliegerei interessieren. Das Fliegen gehörte so integral zu seiner Identität, dass er es im Schreiben zu einer Daseins- und zu einer Kunstform erheben konnte. In den besten Passagen seines vielleicht besten Buches *Flug nach Arras* kommt Saint-Exupéry vom Thema des Fliegens zum Krieg, den er aus der Luft beobachtet. Von dort schweift er zu Reflexionen über die Auseinandersetzung des Menschen mit der von ihm geschaffenen Technik, um schließlich den Menschen als Wesen zwischen Natur und Technik zu beschreiben. All dies geschieht auf wenigen Seiten, zuweilen in wenigen Sätzen und hat in seiner Aktualität bis heute nichts eingebüßt.

Naturerfahrung und Technik sind Motive, die Antoine de Saint-Exupéry durch sein Leben begleiteten. Auch beim Wracktauchen besteht eine wesentliche Faszination aus der Kombination von Erlebnis der Natur mit dem Erforschen technischer Details.

Abtauchen in die Archive

Jedes deutsche Flugzeug, das im Zweiten Weltkrieg im Einsatz war, besaß eine Art Ausweis, das Bordbuch. In diesem Bordbuch wurde jede Reparatur an der Maschine und jede Auswechslung eines Motorteils oder des ganzen Motors verzeichnet. Die damaligen Flugzeugmotoren waren für höchste Leistungen ausgelegt und deshalb verhältnismäßig kurzlebig. Nach etwa 200 Flugstunden wurden sie ausgetauscht.[8]

Jede Einheit verfügte daher über ein Lager von mehreren Austauschmotoren.[9] Wurde ein Motor ausgewechselt, schickte man ihn nach Deutschland, um ihn werksseitig gründlich überholen zu lassen. Sobald eine Maschine verloren war, gab es keinen Grund mehr, das Bordbuch weiterhin aufzuheben – falls sich dieses nicht ohnehin im Flugzeug befand. Für all diejenigen, die sich mit der Erforschung der Geschichte einzelner Flugzeuge beschäftigen, ist das ein Problem. Denn ohne ein Bordbuch ist es nahezu unmöglich, allein anhand des Motors herauszufinden, zu welchem Flugzeug dieser Motor nun gehört haben könnte.

Bilddokumentation eines Motorwechsels auf einem Feldflugplatz

Nur für den Dienstgebrauch!

Prop.-Kp. Lw.KBK 7   Flm-Nr. 1345/5

Bildberichter: Sdf(Z) Oppitz   Text: Op/gu

Ort: Martuba (Afrika)   Datum: 15.3.42

Text: Serie: Aufnahmen von einem Werftzug auf dem Feldflugplatz in Martuba (Afrika.)

(mit 12 Bildern)

2.Serienbild

Vorbereitungen zum Motorenwechsel an einer Me 109 F werden getroffen. Die letzten Arbeiten am neuen Motor, welche zur Montage nötig sind, werden beendet.

Zensurvermerk mit Angabe der Gründe:

Wie geht man nun vor, wenn man nur einige Fotos und eine Bauteil-nummer eines Motors besitzt, der vor über 60 Jahren im Mittelmeer versunken ist?

Zunächst unternahm Lino von Gartzen einen Ausflug in das Firmen-archiv der Daimler AG in Stuttgart, die im Jahr 2005 noch den Namen DaimlerChrysler AG führte. Hier stöberte er anfangs eher unsystema-tisch in allerlei Handbüchern und technischen Zeichnungen von Flug-zeugmotoren, die im Jahr 1944 oder kurz davor gebaut worden waren. Er suchte in technischen Zeichnungen nach Entsprechungen zu den Teilen, die er gemeinsam mit Luc Vanrell auf dem Meeresgrund vor Marseille gesehen hatte. Ein schier aussichtsloses Unterfangen, wenn man sieht, wie verbogen und verwachsen ein Motor nach dieser langen Zeit im Salzwasser aussieht. Wenn man in technischen Zeichnungen nach Entsprechungen zu Objekten sucht, die man unter Wasser gefun-den und vielleicht nur fotografiert hat, muss man sich vorstellen kön-

Liste mit der Bauteilnummer des Kurbelgehäuses

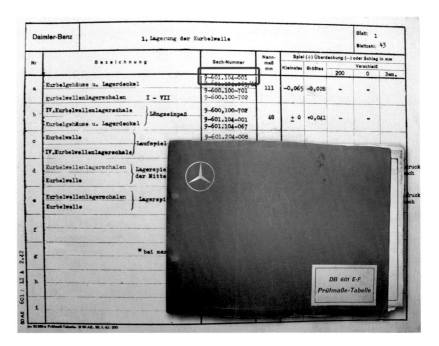

nen, wie ein verrostetes, von Algen und Muscheln überwachsenes und mitunter auch verbogenes Stück Metall ursprünglich einmal ausgesehen hat.

Lino sichtete alle Akten aus jener Zeit, die ihm in irgendeiner Weise hilfreich erschienen, und kopierte alle relevanten Seiten. Zu Hause begann er die Unterlagen mit den Fotos vom Motor unter der Gorgonie zu vergleichen. Nach einiger Recherche wurde Lino schließlich fündig und konnte die unter Wasser ermittelte Bauteilnummer in der Teileliste des DB-601-E-Modells finden.[10]

Die Entwicklung dieses robusten und zuverlässigen Motors hatte im Jahr 1934 begonnen. Er unterschied sich von seinem Vorgänger, dem DB 600, vor allem durch eine Änderung: In Zusammenarbeit mit Bosch war der Motor mit einer Benzineinspritzung ausgestattet worden. Der erste komplette Versuchsmotor DB 601 mit diesem System wurde im November 1935 getestet.

Prüfstand für Flugzeugmotoren

Der DB-601-Motor (l.) und das *Me 209-V1-*Rekordflugzeug (Mitte)

Die Benzineinspritzung sollte den deutschen Jagdfliegern einen Vorteil gegenüber mit Vergasern ausgerüsteten Flugzeugen verschaffen, da sie ein schnelles Einleiten des Sturzfluges mit negativen G-Kräften ermöglichte. Bei diesem Defensivmanöver konnte man im Falle einer Verfolgung nach unten abtauchen. Konventionelle Flugzeuge mussten dieses Manöver erst mit einer halben Rolle beginnen, wobei sie den Gegner für mehrere Sekunden aus dem Blick- und Schussfeld verloren.

Aufgrund der Ausschreibungen des Reichsluftfahrtministeriums (RLM) und der damit zu erwartenden Aufträge entstand bereits in den Jahren vor dem Zweiten Weltkrieg eine starke Konkurrenzsituation unter den verschiedenen Herstellern von Flugzeugen und Flugzeugmotoren. Deshalb wurde mit Hochdruck an der Entwicklung von schnelleren Flugzeugen und stärkeren Motoren gearbeitet. Rekorde sollten die technischen Leistungen der Modelle belegen und das Ministerium von ihrem militärischen Nutzen überzeugen.

Am 26. April 1939 erreichte der Werkspilot Fritz Wendel mit einer *Messerschmitt 209 V1* die Rekordgeschwindigkeit von 755 km/h, der erst im Jahr

Produktion von
Mercedes-Flugmotoren

1969 von einer amerikanischen *Grumman F-8* übertroffen werden sollte.
Bei diesen Rekorden überzeugte vor allem der verwendete Motor, eine
Abwandlung des Serienmodells des DB 601. Diese Rekordausführung
konnte seine enorme Leistung von 2770 PS nur jeweils für etwa fünf Minuten voll nutzen. Die gesamte Lebensdauer dieser Version des Motors
wurde auf 30 bis 60 Minuten geschätzt.

Insgesamt wurden zwischen 1934 und 1944 beinahe 20 000 DB-601-
Motoren in unterschiedlichen Ausführungen hergestellt. Sie fanden in
den Flugzeugtypen *Messerschmitt Bf 109, Me 110, Me 209* sowie *Heinkel
He 100* und *He 111* Verwendung.

Diese vorläufige Einordnung reichte jedoch bei Weitem nicht für einen
genaueren Ansatzpunkt in der Recherche nach dem Piloten des abgestürzten Flugzeugs.

Um noch irgendetwas über diesen Motor und die Maschine, in der er
einmal montiert gewesen war, herauszufinden, musste man an Bereiche
gelangen, die tief im Sediment, auf der Unterseite oder im Inneren des
Motors lagen. Es war ausgeschlossen, den etwa 700 Kilo schweren Motor-

block unter Wasser so zu untersuchen, wie es in diesem Fall notwendig gewesen wäre.

Das Projekt schien in diesem Moment endgültig beendet zu sein. Ohne einen konkreten Anhaltspunkt oder ein Konzept für eine Untersuchung würde es sich weder lohnen, den Motor aus der Tiefe zu bergen, noch bestand eine realistische Aussicht, dadurch einen Erkenntnisgewinn zu erzielen. Dieser jedoch ist, wie erwähnt, eine der Voraussetzungen, eine Bergegenehmigung zu erhalten.

So schob Lino von Gartzen das Vorhaben für einige Zeit in den Hintergrund. Ohne sich große Hoffnungen auf einen Fortschritt zu machen, fuhr er im Herbst 2005 ein zweites Mal nach Stuttgart in das Archiv von DaimlerChrysler. Mit dem Leiter des Archivs sprach er darüber, welche Informationen über Motoren aus der Zeit des Zweiten Weltkriegs zur Verfügung standen. Zunächst gab es die Ersatzteillisten, die Lino bereits bei seiner ersten Recherche durchsucht hatte. Dann gab es Dokumentationen über die Motorenentwicklung, die jedoch ebenfalls keine weiterführenden Informationen preisgaben. Außerdem existierten Testberichte. Auch diesen Unterlagen war in keinerlei Weise zu entnehmen, welcher Pilot wann welchen Motor in seiner Maschine gehabt hatte. Schließlich lagen noch Modifikationsanweisungen für die einzelnen Motoren der Firma Daimler vor.[11] In diesen Modifikationsanweisungen für den technischen Außendienst ist festgehalten, mit welchen neuen oder geänderten Bauteilen der Motor ausgerüstet werden soll. Diese laufenden technischen Veränderungen wurden je nach Umfang werksseitig oder bei der regelmäßigen Wartung im Einsatzgebiet umgesetzt.

Im Gespräch mit dem Archivar über diese Modifikationsanweisungen entstand eine Idee: Wenn man den Motor in seine Einzelteile zerlegen könnte, würde man die verbauten Teile genau bestimmen können. Anhand der Modifikationsanweisungen wäre dann zu ermitteln, wann der Motor das letzte Mal technisch überholt worden war. Da derartige

Modifikationen häufig vorgenommen wurden, könnte man mit etwas Glück ein enges Zeitfenster für den Absturz ermitteln.

Wenn der Flugzeugmotor etwas mit dem Absturz Antoine de Saint-Exupérys zu tun haben konnte, war somit klar, dass sich im Motor zumindest keine Bauteile und keine Modifikationen befinden durften, die erst nach dem 31. Juli 1944 in Motoren dieser Bauart eingesetzt wurden. Auch ein Motor, der einem technischen Stand von 1941 entspräche, wäre in diesem Zusammenhang auszuschließen. Wenn sich dagegen bei der Untersuchung eine letzte Wartung im Frühjahr 1944 nachweisen ließe, stiege die Wahrscheinlichkeit einer nicht nur örtlichen, sondern auch zeitlichen Verbindung zwischen dem Motor und dem Absturz Saint-Exupérys.

Zurück in München begann Lino von Gartzen ein Konzept zur Datierung auszuarbeiten. Eine Idee, wie er in der Untersuchung des Motors weiterkommen könnte, hatte er nun. Eine Idee davon, wie schwierig es werden würde, eine Bergegenehmigung für das Vorhaben zu bekommen, hatte er noch nicht.

Verschollen in der Wüste

Nach dem Abitur im Jahr 1917 begab sich Antoine de Saint-Exupéry in einem Anflug von Ambitioniertheit in einen zweijährigen Vorbereitungskurs für die elitäre Marineakademie École navale, bestand die Aufnahmeprüfung jedoch nicht und schrieb sich 1919 an der École des Beaux Arts in Paris für ein Architekturstudium ein, das er nach kurzer Zeit jedoch abbrach. Er träumte von einer Laufbahn als Militärpilot. In den Jahren 1921 bis 1923 leistete er seinen Militärdienst bei der Luftwaffe in Straßburg ab, arbeitete jedoch nur als Mechaniker beim Bodenpersonal. Er

Antoine de Saint-Exupéry am 9. April 1921 als Mitglied des 2ème Régiment d'aviation de Strasbourg

nahm auf eigene Kosten private Flugstunden, die zunächst vollkommen chaotisch verliefen und mehrfach mit Unfallen und auch Absturzen endeten. So schien sich gleich zu Beginn seiner Fliegerlaufbahn sein späterer Ruf als mutiger, aber zuweilen auch halsbrecherischer Pilot abzuzeichnen.

Antoine de Saint-Exupéry führte ein sorgloses Leben als Student, Flugschüler und Bohemien, das sich im Jahr 1923 eintrübte, als seine Verlobte Louise de Vilmorin die Verbindung löste und Antoine damit schwer enttäuschte. Der spätere Frauenschwarm war überzeugt davon, niemals mehr eine Frau finden zu können, die ihn liebte. Er fand sich zu hässlich und durchlebte all das, was ein junger Mann mit Liebeskummer eben so empfindet. Der Familie seiner Verlobten zuliebe hatte er den Militärdienst beendet und in einer Ziegelei als Buchhalter gearbeitet. 1924 gab er diese Tätigkeit auf, um für einige Monate als Verkäufer von LKWs für die Firma Saurer zu arbeiten. Es schloss sich eine Zeit des Zweifelns und der depressiven Verstimmung an, die nur durch möglichst häufiges Fliegen aufgehellt wurde.

Nach den jugendlichen Versuchen wandte er sich nun erstmals ernsthafter dem Schreiben zu und fand im Austausch mit seiner Cousine Yvonne de Lestrange schnell zu Themen, die ihn sein ganzes späteres Leben als Schriftsteller begleiten sollten: die Fliegerei und der Einsatz des Einzelnen für eine größere Sache. Er veröffentlichte in einer Zeitschrift seine erste Novelle *L'Aviateur* (*Der Flieger*).

Seine Ausbildung zum Piloten schloss er noch während seiner Militärzeit ab. 1926 arbeitete er zunächst bei der Fluggesellschaft *Compagnie aérienne française*, von wo er im Herbst desselben Jahres zur *Compagnie générale d'enterprises aéronautiques*, der späteren *Compagnie générale aéropostale*, wechselte. Saint-Exupéry arbeitete nun in Toulouse und lernte hier den Chef der *Aéropostale*, Didier Daurat kennen, der Saint-Exupérys Mentor werden sollte. Saint-Exupéry genoss den Drill, der an seiner Arbeitsstelle herrschte. Nach seiner ziellosen Zeit als Student und Flugschüler hatte er nun eine Aufgabe, der er sich mit aller Konsequenz hingab – ganz gleich, ob es sich dabei um niedere Tätigkeiten handelte oder um den Aufbau der Logistik für die Fluglinie Toulouse–Casablanca, den er auch als fliegender Pilot unterstützen durfte.

Daurat gab Saint-Exupéry im Jahr 1927 eine besondere Chance, indem er ihn als Direktor des Flugplatzes von Cap Juby im Süden Marokkos einsetzte. Es begann die nach der Kindheit zweite prägende Zeit des jungen Mannes. Seine Pflichten als Direktor des Flugplatzes waren vielfältig und bezogen sich nur zum Teil auf das Fliegen. Die Basis befand sich in maurischem Stammesgebiet und so fielen Saint-Exupéry viele Aufgaben zu, die nichts mit dem Fliegen zu tun hatten. Vor allem musste er sich durch geschicktes Lavieren mit den maurischen Nomaden arrangieren, ohne sich dabei in allzugroße Abhängigkeiten zu begeben.

59

Antoine de
Saint-Exupéry in
Cap Juby, 1928

Die Erfahrungen als Direktor eines einsamen Stützpunktes in der Wüste waren für Saint-Exupéry wie eine Entdeckung seiner selbst. Sein erster Roman *Südkurier* legte von den Erlebnissen in der Wüste ebenso eindrucksvoll Zeugnis ab wie das erst etwa zehn Jahre später erschienene *Wind, Sand und Sterne*. Die Erfahrungen von Natur und Alleinsein trafen im jungen Saint-Exupéry auf einen Resonanzboden, dessen Widerklang Millionen von Lesern bewegen sollte. Antoine de Saint-Exupéry fand Erfüllung darin, sich einer Aufgabe hinzugeben und hinter dieser als Person mit eigenen Bedürfnissen zurückzutreten.

Die Entäußerung von allem Komfort ist vollständig: ein Bett, das aus einem Brett und einem dünnen Strohsack besteht, ein Waschbecken, ein Krug. Ich vergesse noch die Nippsachen: die Schreibmaschine und den Papierkram des Flugplatzes.[12]

1929 erschien *Südkurier* im Verlag Gallimard, in dem bis heute alle Werke Antoine de Saint-Exupérys in Frankreich veröffentlicht werden.

Nach einem kurzen Aufenthalt in Frankreich, den er in der Haltlosigkeit des Durchreisenden verbrachte, brach Saint-Exupéry zusammen mit

Didier Daurat nach Buenos Aires auf, wo dieser ihn zum Direktor der *Aeroposta Argentina* ernannte. Seine Aufgabe bestand darin, die Luftfrachtlinien in Südamerika aufzubauen. Doch Antoine de Saint-Exupéry war unglücklich an diesem Ort und nur das Fliegen und der Kontakt zu Freunden – allen voran der später in *Wind, Sand und Sterne* verewigte Lebensfreund Henri Guillaumet – waren ihm in dieser Zeit bedeutsam. Er sehnte sich nach Europa. »Ich bin nicht ganz sicher, ob ich seit meiner Kindheit gelebt habe«, schrieb er in einem Brief an seine Mutter.[13] Die Arbeit an seinem zweiten Roman *Nachtflug*, in dem er die gefährlichen Flüge durch die Anden in fast völliger Dunkelheit verarbeitete, schleppte sich zäh dahin. Seine freie Zeit verbrachte er mit Amusement und Geldausgeben. Er versumpfte in Bars, unterhielt halbherzige Affären und schrieb von der Sehnsucht nach einer stabilen Liebesbeziehung – bis er schließlich im Sommer 1930 seine spätere Frau, die Malerin, Bildhauerin und Autorin Consuelo Suncín Sandoval de Gómez kennenlernte. Consuelo war mit 29 Jahren seit zwei Jahren Witwe, eine Schönheit und eine schillernde Person. Eine ebenso leidenschaftliche wie komplizierte Beziehung begann. Am 22. April 1931 heirateten Antoine und Consuelo in Nizza. Die Liebe zueinander hielt beide nicht von Affären ab. Dennoch ließen sie ein Leben lang nicht voneinander. Ihre leidenschaftlichen Briefe legen Zeugnis davon ab.

In den 1930er-Jahren arbeitete Saint-Exupéry zunächst als Testpilot für Wasserflugzeuge. Dabei erlitt er den ersten seiner schweren Abstürze, den er nur knapp überlebte. Ab 1934 arbeitete er bei der neu gegründeten *Air France*. Zwar erhielt er damit ein regelmäßiges Einkommen, doch ging er weder einer geregelten Arbeit nach, noch verblieb ihm von dem verdienten Geld irgendetwas Erspartes. Seine Frau Consuelo und er pflegten einen verschwenderischen Lebensstil. Er unternahm eine Vortragsreise rund um das Mittelmeer. Er reiste als Reporter nach Russland und schrieb eine viel beachtete Artikelserie. Aus Spanien berichtete er über den Bürgerkrieg.

1935 unternahm Saint-Exupéry den Versuch, einen Rekord für die Flugstrecke Paris–Saigon aufzustellen, der mit einem Absturz an der Grenze zwischen Libyen und Ägypten endete. Nachdem der Pilot und sein Bordmechaniker festgestellt hatten, dass sie mehr oder weniger unverletzt waren, machten sie sich zu Fuß auf den Weg zurück in die Zivilisation.

FLIGHT.   JANUARY 9, 1936.

THE FOUR WINDS
ITEMS OF INTEREST FROM ALL QUARTERS

Frenchmen Found

M. de Saint-Exupéry and his mechanic, who were lost in the desert for three days on an attempt to establish a new Paris-Saigon record, have been found 95 miles east of Cairo

Fünf Tage irrten sie durch die Wüste und tranken beinahe nichts – nur das Wasser, das der Tau in der Nacht auf ihren ausgebreiteten Fallschirmen hinterließ. Im Zustand völliger Erschöpfung wurden sie schließlich von Beduinen aufgegriffen, die sie versorgten und in die nächstgelegene Stadt brachten. Dort suchten sie ein Hotel auf und feierten mit Champagner und Whiskey die eigene Auferstehung im Kreise der sich rasch einfindenden Journalisten. Sie hätten in der Wüste schrecklichen Durst gelitten, soll Saint-Exupéry gesagt haben. Geschichten wie diese machten ihn bereits zu Lebzeiten zu einer Legende. Obgleich sie nicht immer von fliegerischem Können oder besonders umsichtigem Umgang mit Material und Mensch zeugten.

Auch Deutschland besuchte er im Jahr 1937, allerdings nicht als Journalist, sondern als Privatmann. Seine Biografin Stacy Schiff schreibt, er sei mit einer Geliebten zu einem Trip über Amsterdam nach Berlin geflogen,

von wo aus sie über Frankfurt und Kassel zurück nach Frankreich fliegen wollten. Der deutsche Luftraum war jedoch bereits zur Sperrzone
erklärt worden. Als er im Raum Kassel einen merkwürdigen Geruch in
der Maschine bemerkte, entschloss sich Saint-Exupéry zu einer Notlandung und gelangte so auf den Flugplatz von Wiesbaden. Hier wurde er
von einer Gruppe Angehöriger der Hitlerjugend in Empfang genommen,
mit denen er einen geselligen Nachmittag verbrachte. Er lag auf dem
Rasen, rauchte, trank eine Menge Bier und unterhielt sich mit den ange-
henden Piloten. Von einem herbeigerufenen Offizier wurde er der Spio-
nage verdächtigt, doch löste sich dieser Verdacht nach kurzer Zeit in
Wohlgefallen auf. Saint-Exupéry verabschiedete sich von seinen jugendlichen Bewunderern mit einer Sturzflugeinlage, die diese mit der zum
Hitlergruß erhobenen Hand bejubelten. Einige Stunden später soll er, so
wird berichtet, in einem Restaurant am Rheinufer mit einem jungen
Deutschen über den Nationalsozialismus diskutiert haben.

Seiner vehementen Abneigung gegenüber den Nationalsozialisten können wir entnehmen, dass er auch in diesem Gespräch nicht auf Seiten
der Nationalsozialisten oder ihrer Sympathisanten war. In einem Artikel, den er anlässlich des Münchener Abkommens über die Annexion
des Sudetenlandes in der *Paris-Soir* veröffentlichte, verurteilte er das
»mörderische Ideal«, das Hitler verfolge, das auf der »Ausgrenzung der
Anderen beruhe«.[14]

Die Episode wirft ein interessantes Licht auf diese Zeit, die in unserer
Erinnerung und Geschichtsschreibung nur noch als rückwärtslaufende
Stoppuhr wahrgenommen wird, die am 1. September 1939 bei Null ankommen sollte. Die Hoffnung auf einen deeskalierenden Dialog war im
Jahr 1937 noch nicht gänzlich versiegt. Sie trug auf jeden Fall so weit,
dass ein Gegner der Nationalsozialisten eine Gruppe von Hitlerjungen
von ihrer Ideologie entkleidet und als Jugendliche wahrnahm, von denen
er sich bereitwillig bejubeln ließ.

Die Erzählung zeigt uns auch, dass Saint-Exupéry offenbar immer der Mensch wichtiger war als dessen Ideologie. Sie weist außerdem auf die Geselligkeit und das Draufgängertum des Schriftstellers und Piloten hin. Und vielleicht erklärt sie uns auch die Haltung der Luftwaffenpiloten unterschiedlicher Länder zueinander. Saint-Exupéry wurde in Deutschland schon damals als Autor und Pilot hoch verehrt. Trotz der Zugehörigkeit zu feindlichen Lagern hat es diesen Zusammenhalt zwischen Fliegern in gewisser Weise bis ans Ende des Zweiten Weltkriegs und darüber hinaus gegeben. Davon zeugen die internationalen Kontakte und Versöhnungsbemühungen, die von den Fliegern jener Zeit nach dem Krieg angestrengt wurden. Man kann diese Aktivitäten als Ausnahmen, als Regelfall, als Nostalgie oder als Verarbeitungsmechanismus bezeichnen. Aus der Luft gegriffen sind sie jedenfalls nicht.

Gang durch die Instanzen

Der Antrag zur Erteilung einer Bergegenehmigung wurde im März 2006 bei den französischen Behörden eingereicht. Es beinhaltete neben dem Konzept zur Untersuchung des Motors auf der Suche nach der jüngsten Modifikation den Nachweis, dass die Antragsteller auch in der Lage waren, das Projekt durchzuführen und darüber hinaus auch Bereitschaft zeigten, die Ergebnisse ihrer Untersuchung der Öffentlichkeit zugänglich zu machen.

Nachdem sie den Antrag eingereicht hatten, bereiteten Luc Vanrell und Lino von Gartzen die Expedition vor. Ihre Planung musste auf zahlreiche erschwerende Bedingungen Rücksicht nehmen. Für den Mittelmeerraum stellt der Fundort ein verhältnismäßig schwieriges Gewässer dar. Da die Île de Riou einige Kilometer vor der Küste liegt und das Trüm-

Jean-Claude Bianco auf
seinem Fischerboot

merfeld, in dem die Bergung stattfinden sollte, auf der dem offenen Meer zugewandten Seite lag, konnte das Team nicht den Schutz genießen, den küstennahes Tauchen ansonsten bietet. Der Seegang kann besonders unangenehm werden, wenn der Mistral durch das Rhônetal weht. Auch auf die Begegnung mit Haien muss man in dieser Gegend gefasst sein. Taucher zeigen vor den großen Meeresräubern zwar Respekt, diese stellen bei dem Vorhaben, mit geringem technischen Aufwand einen 700 Kilogramm schweren Motorblock aus 56 Meter Tiefe zu bergen, jedoch nur eine von vielen Gefahren dar. Die Erteilung einer Bergegenehmigung würde nicht bedeuten, dass es von offizieller Stelle irgendeinen Zuschuss für das Bergungsprojekt geben würde. Demzufolge mussten alle Planungen auf ein Projekt hinauslaufen, das auch mit einem relativ niedrigen Budget durchgeführt werden konnte. Dass die Forscher selbst dabei unentgeltlich und in gefährlichen Situationen arbeiten würden, verstand sich von selbst. Beschränkungen setzen Kreativität frei. Und schweißen zusammen.

Nach wenigen Wochen wurde die Bergegenehmigung unter bestimmten Bedingungen erteilt: Die Bergung musste von staatlich geprüften französischen Tauchern durchgeführt werden. Diese Anforderung stellte nicht so sehr eine fachliche als vielmehr eine bürokratische und versicherungsrechtliche Hürde dar.

Eine weitere Anordnung bestand darin, dass der Motor von einer offiziellen Stelle ausgewertet werden musste. Dieser Forderung konnte durch die guten Kontakte Lino von Gartzens zum Werftverein Oberschleißheim sichergestellt werden. Der Werftverein, der eng mit dem Deutschen Museum in München zusammenarbeitet, sicherte ihm zu, der Motor könne in den dortigen Werkstätten untersucht werden.

Die dritte Bedingung betraf die Frage des endgültigen Aufbewahrungsortes des Motors, die zunächst offen bleiben sollte. Der endgültige Verbleib des Motors und die Eigentumsfrage sollten abhängig vom Ergebnis der Untersuchungen geklärt werden.

Das Team wurde zusammengestellt. Da die Bergung nur von französischen Tauchern durchgeführt werden durfte, sollten Luc Vanrell, seine Freundin Anne Delhomme und der mit Luc befreundete Taucher Jean-Bernard Pouillard unmittelbar am Motor arbeiten, während Lino von Gartzen und Marcus Thier, ein Tauchkollege aus der Bayerischen Gesellschaft für Unterwasserarchäologie, für die Sicherung des Teams und für die Dokumentation zuständig sein sollten.

Bevor die Bergung unternommen werden konnte, musste noch eine weitere Frage geklärt werden, die zunächst eine reine Formalie zu sein schien. Das Problem war, dass der Motor in Deutschland untersucht werden sollte, es aber keinerlei Papiere oder Ein- oder Ausfuhrgenehmigungen für das ehemalige Kriegsgerät gab. Es war ungewiss, wie deutsche oder schweizerische Zollbeamte reagieren würden, wenn sie unter der

Plane eines Anhängers das 700 Kilo schwere Metallstück finden würden. Lino wünschte sich ein Papier, das ihm bestätigen konnte, dass er den Motor rechtmäßig transportierte.

Er wandte sich telefonisch an das französische Kulturministerium mit der Bitte um eine Bestätigung, dass der Motor nach seiner Bergung auch nach Deutschland ausgeführt werden dürfte. Nach einer kurzen Schweigepause antwortete die Stimme am Telefon, der Motor gehöre rechtlich gesehen vermutlich dem deutschen Staat. Lino antwortete erleichtert, dann wäre es ja sicher kein Problem, wenn ihm genau dies bestätigt werden könnte.

Dann jedoch schlug die Logik der Bürokratie zu. Die zuständige Person im Ministerium überlegte weiter und kam zu folgender Argumentation: Die Ausfuhr des Motors sei von französischer Seite her kein Problem, da der Motor ja dem deutschen Staat gehöre. Wenn der Motor jedoch dem deutschen Staat gehöre, dann könne keine französische Behörde einen Antrag genehmigen, der die Bergung eines deutschen Objekts zum Ziel hatte.

So hatte das Team zwar eine Bergegenehmigung – die jedoch wertlos war, da man nun zusätzlich eine zweite Genehmigung der deutschen Behörden benötigte.

Auf der Suche nach einer zuständigen Stelle wurde Lino von Gartzen vom deutschen Konsulat in Marseille an die deutsche Botschaft in Paris verwiesen, wo er nach einigem Hin und Her mit der zuständigen Person, dem Militärattaché der Botschaft sprechen konnte.

Lino schilderte seinen Fall und erhielt zur Antwort, es handele sich hier um eine etwas komplizierte Angelegenheit, wann die Bergung denn stattfinden solle. Als Lino antwortete, das Projekt sei bereits begonnen und die Tauchgänge sollten noch in der laufenden Woche stattfinden, tönte ihm schallendes Gelächter entgegen. Anschließend wurde er mit der Praxis des offiziellen Dienstweges vertraut gemacht:

Generell seien Schiffs- oder Flugzeugwracks aus dem Zweiten Weltkrieg nach internationalem Recht Eigentum des Landes der ursprünglichen Herkunft. Ein Motor aus dem Dritten Reich sei demnach Eigentum der Bundesrepublik Deutschland und fiele unter die Verwaltung der Bundesfinanzdirektion. Da es aber Ausnahmen in manchen Ländern und im Falle von Kriegsbeute gebe, müsse dort erst mal rechtlich geprüft werden, ob Zuständigkeit bestehe. Danach könne dann erst über die eigentliche Bergung entschieden werden. Weil die Bergung im Ausland durchgeführt werden würde, könnte das Vorhaben auch das Auswärtige Amt betreffen. Dementsprechend müsse man zunächst einen Brief schreiben, der an verschiedene Stellen weitergeleitet werden würde. Das Konzept für das Projekt sei gut und verständlich, sodass sich der zuständige Botschaftsangehörige sicher war, dass es auch gelesen werden würde. Das Weiterleiten und Prüfen an den unterschiedlichen Institutionen würde jedoch voraussichtlich einen Zeitraum von ein bis zwei Jahren in Anspruch nehmen.

Abermals schien das Projekt beendet zu sein, noch bevor es richtig angefangen hatte. Die benötigte zweite Genehmigung lag in weiter Ferne. Hinzu kam, dass nun auch noch von einer dritten Genehmigung durch das Auswärtige Amt die Rede war.

Doch dann tat sich ein Riss in der glatten Fassade der Bürokratie auf.

Der Botschaftsangehörige überlegte weiter: Das Konzept für die Bergung und der Grund unserer Untersuchungen seien doch sehr überzeugend und wissenschaftlich motiviert, er ginge davon aus, dass Lino von Gartzen und Luc Vanrell eine Genehmigung der Behörden erhalten würden. Da sie bereits eine französische Genehmigung erhalten und daraufhin bereits die kostenintensive Bergung vorbereitet hätten, seien sie unverschuldet in diese Situation geraten. Nicht zuletzt sei er auch Taucher, er könne daher die missliche Lage verstehen.

Er gebe deshalb nun seine Zustimmung zur Durchführung der Bergung. Er werde zur Bestätigung ein Fax an die französischen Behörden senden und die zuständigen Dienststellen in Deutschland über die Bergung informieren. Die Eigentumsfrage und die des Verbleibs sollten dann von diesen Stellen geregelt werden. Es könne auf keinen Fall falsch sein, die Bergung schnell durchzuführen.

Der Stempel des Selbsterlebten

Nachdem sein Dienstverhältnis bei der *Air France* im Jahr 1937 geendet hatte, war Saint-Exupéry bis auf die spärlichen Einnahmen aus den Tantiemen seiner bisher erschienenen Bücher *Südkurier* und *Nachtflug* und den Einkünften aus verschiedenen Reportagen mehr oder weniger ohne Einkommen und versuchte sich als Entwickler von Flugzeugpatenten. Unter anderem entwickelte er eine Vorrichtung, die Blindlandungen ermöglichen sollte, und ein Gerät zum Ablesen der Instrumente im Cockpit.

Aus Geldnot nahm er abermals Anlauf zu einem Rekordflug. Im Februar 1938 versuchte er von New York nach Feuerland zu fliegen. In Guatemala erlitt er einen Absturz, den er mit 32 Knochenbrüchen, von denen elf lebensgefährlich waren, nur mit viel Glück überlebte. Die Zeit seiner Rekonvaleszenz verbrachte er in New York, wo er die Schriften der vergangenen Jahre zu dem Kompendium *Terre des Hommes* (*Wind, Sand und Sterne*) zusammenstellte, bevor er wieder nach Frankreich reiste. Dort erschien das Buch am 3. März 1939 und entwickelte sich schnell zu einem großen Erfolg. Auch in den USA wurde *Wind, Sand and Stars* zu einem Bestseller und fand auch in der Kritik weithin große und positive Beachtung.

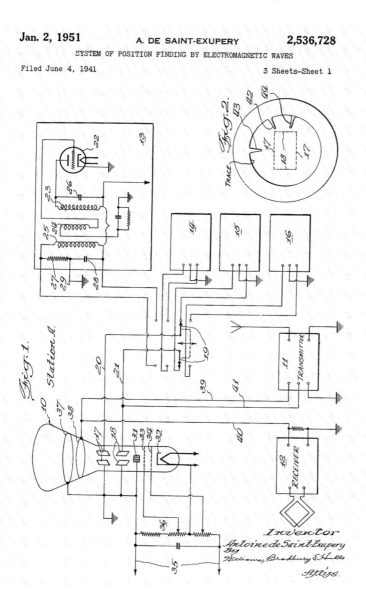

Patent von Antoine
de Saint-Exupéry:
US2536728

Das Fliegen und das Flugzeug sind in diesen Schriften Folien, hinter
denen die Erlebnisse des Autors und Piloten eingefärbt werden. Das Flugzeug ist keine Maschine zur Fortbewegung, sondern ein Werkzeug der
vertieften Erfahrung der Wirklichkeit. Das Fliegen dient nicht der phy-

sischen Fortbewegung, sondern als Erkenntnisweg über den Menschen und seine Gegebenheiten. Mal geht es dabei um den Spanischen Bürgerkrieg, ein andermal schreibt er über den Kampf mit einem Sturm in Südamerika, dann geht er über zu Erlebnissen in Frankreich und kommt immer wieder auf seine prägendste Zeit, seine Tätigkeit als Flugplatzdirektor in Cap Juby zu sprechen. Die in der nächtlichen Wüste vorherrschenden Elemente gaben der englischen und der deutschen Ausgabe den poetischen Titel. Auch die Episode seiner Bruchlandung auf der Strecke Paris–Saigon und die anschließenden wasserlosen Tage in der Wüste fanden Eingang in dieses bis dahin wohl beste Buch Saint-Exupérys.

Wie auch in seinen beiden ersten Büchern *Südkurier* und *Nachtflug* ist die Hingabe des Einzelnen an eine größere Aufgabe, durch die der Mensch zu sich selbst findet, ein zentrales Motiv. Wesentlich an allen Schriften Saint-Exupérys ist: Es besteht keine Distanz zwischen Autor und Text. Saint-Exupérys Einsichten sind unmittelbar, seine Erlebnisse authentisch, seine Emphase ist wirklich empfunden. Der französische Schriftsteller André Gide, ein Freund und Bewunderer Saint-Exupérys, drückt dies in seinem Vorwort zu Saint-Exupérys zweitem Roman *Nachtflug* folgendermaßen aus:

> *Alles, was Saint-Exupéry erzählt, trägt den Stempel des Selbsterlebten. Dies: daß er selber mehr als einmal der Gefahr die Stirn geboten hat, gibt dem Buche den Reiz des Echten und Unnachahmlichen. Lediglich der Phantasie entsprungene Geschichten von Krieg und Abenteuern gibt es in großer Zahl; sie mögen zuweilen von einer gewissen Einfühlungskraft des Verfassers zeugen; den wirklichen Abenteuern und Kämpfern werden sie jedoch meist nur ein Lächeln abnötigen.*[15]

Auch in Nazi-Deutschland wurde *Wind, Sand und Sterne* gut aufgenommen und gelitten, konnten doch einige Stellen darin im Sinne einer

Arbeit-macht-frei-Botschaft missbraucht werden. Wobei zwischen der zynischen Nazi-Parole und der Botschaft, die Hingabe an eine Aufgabe könne Erfüllung bedeuten, doch beträchtliche Unterschiede erkennbar sind.

Das halbe Jahr nach dem Erscheinen von *Terre des Hommes* war die letzte und vielleicht einzige Periode, in der Saint-Exupéry seinen Ruhm als Schriftsteller wirklich unbeschwert genießen konnte. Er wurde vom Publikum und von der Kritik geliebt, erhielt von der American Booksellers Association den Preis für das beste Sachbuch des Jahres und interessanterweise für dasselbe Buch von der Académie Française den Preis für den besten Roman. Saint-Exupéry war nun ein berühmter Autor – Jahre bevor der *Kleine Prinz* erschien und Jahrzehnte bevor seine Sentenzen, aus dem Zusammenhang gelöst, eine Zweitverwertung als Poesiealbumsprüche erfuhren.

Am 9. September 1939, sechs Tage nachdem Frankreich Deutschland den Krieg erklärt hat, meldet sich Antoine de Saint-Exupéry in Uniform auf dem Flugplatz Toulouse-Francazal für den Kriegseinsatz gegen Deutschland. Monatelang sucht er verschiedene Militärärzte auf, die ihn immer wieder für fluguntauglich erklären. Er kontaktiert Freunde und einflussreiche Personen, um nicht nur zu fliegen, sondern auch an der Front Verwendung finden zu können. Die Vorstellung, bei der Armee als Bürokraft in der Propagandaabteilung zu arbeiten, ist ihm zuwider. Trotz seiner Berühmtheit legt er Wert darauf, nicht vom Kriegseinsatz verschont zu werden.[16] In der Tat nutzt er jedoch seine Prominenz, um als Pilot im Kriegseinsatz dienen zu dürfen. Nach einigem Hin und Her erreicht er es schließlich, nach Orconte in der Champagne zur Aufklärungsgruppe 2/33 versetzt zu werden.

Nun beginnt die kurze Zeit des hoffnungslosen Kampfes gegen die anrückenden Deutschen. Saint-Exupéry fliegt Aufklärungsmissionen und muss so den Krieg aus der Luft beobachten, statt sich als Teil eines wirksamen Widerstandes gegen die Deutschen und gegen den Krieg im Allgemeinen fühlen zu dürfen.

Als die Deutschen am 14. Juni 1940 Paris erreichen und Frankreich unter ihre Gewalt bringen, flieht Saint-Exupéry wie der Großteil der französischen Luftwaffe nach Algier, wo er am 31. Juli 1940 aus dem Militärdienst ausscheidet. Nach einem kurzen Aufenthalt in Frankreich, bei dem Saint-Exupéry anmerkt, »für ein Leben unter der Okkupation nicht geschaffen zu sein«, und in dem er Angebote für die Zusammenarbeit mit dem Vichy-Regime ablehnt, beschließt er nach New York zu fahren, um »Abstand zu gewinnen«.[17] Aus einem geplanten vierwöchigen Aufenthalt in der Stadt, deren Kulturszene ihn aufgrund der Kontakte seiner Verleger von Reynal & Hitchcock eine triumphale Zeit beschert, wird ein über zweijähriges Exil, in dem Saint-Exupéry seine beiden wichtigsten Werke *Flug nach Arras* (*Pilote de guerre*) und *Der Kleine Prinz* schreibt, jenes Werk (1943 in den USA und erst 1946 in Frankreich erschienen), hinter dem er als Mensch und Autor in unserer Wahrnehmung beinahe verschwunden ist. Doch Saint-Exupéry kann seinen Erfolg in New York nicht genießen. Er möchte nicht als Salonlöwe und Literat politisieren, sondern als Pilot und Soldat Frankreich befreien. Französischen Boden sollte er jedoch nie mehr betreten, sondern seine Heimat nur noch aus mehreren Kilometern Höhe betrachten dürfen.

Obwohl Saint-Exupéry ein Gegner Pétains ist und für die *Freien Französischen Streitkräfte* (Forces Françaises Libres, FFL) letztlich unter dem Kommando General de Gaulles operiert, lehnt er de Gaulle als Person und dessen politische Bemühungen ab. Sehr zum Missfallen einiger Exilfranzosen, die Saint-Exupéry in New York wegen seiner Popularität als Werbeträger für die Sache de Gaulles gewinnen wollen. Doch Saint-Exupéry wünscht die Einheit Frankreichs im Kampf gegen Deutschland und sieht stattdessen das eigene Land politisch und gesellschaftlich gespalten. Einmal äußert er, er wäre de Gaulle mit Freuden gegen die Deut-

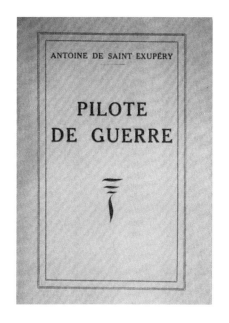

schen gefolgt, dabei gegen Franzosen kämpfen zu müssen, sei ihm indes unmöglich. Antoine de Saint-Exupéry bleibt unbestechlich und verscherzt es sich damit mit einem Großteil seiner Landsleute.

Aus politischer Sicht hatten sowohl Pétainisten als auch Gaullisten ein Problem weniger, als Antoine de Saint-Exupéry am 31. Juli 1944 von seinem Erkundungsflug nicht zurückkehrte. Der politische Saint-Exupéry blieb zu Lebzeiten unliebsam und wurde in Frankreich erst nach dem Zweiten Weltkrieg geschätzt. Wie gut war es nun doch, jemanden zu haben, der im Sinne Sartres kein Kollaborateur gewesen war, sondern einer, der sich ganz und gar nicht in den Verhältnissen einrichten wollte. Anfang 1943 wird *Flug nach Arras* in Frankreich auf Anweisung der deutschen Besatzungsmacht verboten, nachdem sich das Vichy-Regime zunächst damit zufriedengegeben hatte, einen einzelnen Satz, in dem der Autor Hitler als Verursacher eines »irrsinnigen Krieges« bezeichnet, aus dem Manuskript zu streichen.

Im April 1943 erscheint *Der Kleine Prinz*, zunächst nur in den USA. Im

Mai begibt sich Saint-Exupéry nach Algerien, das von den alliierten Truppen kontrolliert wird, um wieder als Aufklärungsflieger tätig zu werden. Er stößt zu seiner alten Einheit 2/33, die als *Freie Französische Streitkräfte* auf das Material von Amerikanern und Engländern angewiesen sind. Bei den Piloten seiner Einheit ist Saint-Exupéry als Kamerad herzlich willkommen, nicht aber bei den Vorgesetzten, mit denen er eine begrenzte Zahl von Aufklärungsflügen aushandeln kann. Zunächst muss er das Fliegen mit der neuen Maschine, der *P-38 Lightning* lernen, einem Flugzeug, das in 10 000 Metern Höhe den deutschen *Me-109*-Maschinen himmelhoch überlegen ist. Ledglich in geringerer Höhe können die *Messerschmitts* aufgrund ihrer Wendigkeit der *P-38* gefährlich werden. Vor allem dann, wenn sie sich aus größerer Höhe nähern und im Sinkflug die nötige Geschwindigkeit gewinnen, um die etwas schwerfälligere *Lightning* angreifen zu können.

Im Mai 1944 fliegt Antoine de Saint-Exupéry erstmals wieder reguläre Einsätze über Frankreich, zunächst von Sardinien aus. Am 16. Juli wird seine Einheit 2/33 nach Korsika versetzt, von wo aus er am 31. Juli 1944 seinen letzten Flug starten wird.

Während all dieser Zeit schreibt er. Er arbeitet an seinem Manuskript *Citadelle*, das er als lose Blattsammlung bereits seit beinahe zehn Jahren stets mit sich führt und das unvollendet bleiben wird. Saint-Exupéry selbst bezeichnet dieses Projekt als sein Hauptwerk, hinter dem all seine anderen Bücher zurückstünden. Die dazugehörigen Schriften erscheinen erst im Jahr 1948 in Buchform (*Die Stadt in der Wüste*, 1951). Im Mai 1944 verfasst er sein Plädoyer für den Frieden. Ein Schreiben, das sich wie ein Vermächtnis liest, zeigt sich Saint-Exupéry doch als klarsichtiger Analytiker der weltpolitischen Lage.

Der materielle Fortschritt der Neuzeit hat in der Tat alle Menschen durch eine Art Nervensystem miteinander verbunden. Es gibt unzäh-

lige Kontakte, sofortige Verbindungen. Wir sind körperlich zusammen-
gefügt wie die Zellen des gleichen Leibes. Doch dieser Leib hat noch
keine Seele. Dieser Organismus ist noch nicht zum Bewußtsein seiner
selbst erwacht.[18]

Treffender lässt sich der zu jener Zeit erst im Werden begriffene Globa-
lismus wohl schwerlich beschreiben. Die letzten Zeilen schließlich werfen ein Licht auf die beklemmende Situation des seine Heimat liebenden,
aber in keiner Weise nationalistisch gesinnten Mannes:

… Und dann die peinigenden Gedanken während der Stunden, die
man über Frankreich dahinfliegt, so nah und doch so fern! Es ist, als
trennten einen Jahrhunderte von diesem Boden. Alle Zärtlichkeit, alle
Erinnerungen, alle Gründe, für die es sich zu leben lohnt, liegen dort
unten, fünfunddreißig Fuß tiefer im hellen Licht der Sonne, vor unse-
ren Augen ausgebreitet, und doch sind sie unerreichbarer als die
Schätze der Pharaonen hinter der Vitrine in einem Museum …[19]

Es ist die Distanz, die Antoine de Saint-Exupéry zu seinem restlosen En-
gagement treibt, das ihn jeden persönlichen Vorteil und jeglichen Gedanken an seine eigene Gesundheit vergessen lässt. Der unbedingte
Einsatz für eine Sache, die Erfüllung seiner selbst durch die Hingabe an
eine Aufgabe sind nicht nur Motive seiner Bücher, sind nicht nur Phra-
sen oder Ideologien, sondern sie entspringen der Erfahrung des Autors
und finden ihre Entsprechung in seinem Handeln.
Seinen Schriften ist zu entnehmen, dass Saint-Exupéry ein starkes Bedürfnis hatte zu handeln und die Konsequenzen seines Handelns und
damit auch sich selbst zu spüren. Das Fliegen war für ihn ein solcher
Weg, sich selbst intensiv als lebendig und handlungsfähig zu erleben.
Doch regen sich in ihm auch Zweifel, wenn er in 10 000 Meter Höhe

über die Landschaft Südfrankreichs fliegt und die Mission zu einer nüchternen Aufgabe geworden ist. Wenn das Leiden der Menschen unter ihm in keiner Weise spürbar ist und nicht einmal die angerichtete Zerstörung erkennbar wird, sondern nur eine starre Landschaft weit unter ihm liegt, die wirkt, als wäre sie unbelebt. Saint-Exupéry selbst bemerkt das Paradox, das darin liegt, sich als Agierenden wahrnehmen zu wollen, auch zu agieren, sich aber in abstrakter Distanz zu den Geschehnissen auf der Erde zu befinden.

Ich bin derart gealtert, dass ich alles hinter mir gelassen habe. Ich schaue durch die große spiegelnde Scheibe meines Windschutzes hinaus. Da unten sind die Menschen. Infusorien auf einem Objektträger. Kann man sich für Familiendramen von Infusorien interessieren? Hätte ich nicht diesen Stich im Herzen, den ich lebhaft empfinde, dann versänke ich in vage Träumereien wie ein altgewordener Tyrann.[20]

An einer anderen Stelle schildert er, als wie fern vom Leben er die Arbeit als Aufklärungsflieger empfindet.

Die Erde ist leer.
Der Mensch existiert nicht mehr, wenn man ihn aus zehn Kilometern Entfernung beobachtet. Das Tun des Menschen ist in diesem Maßstab nicht mehr erkennbar. Unsere Photoapparate dienen uns mit ihrer langen Brennweite als Mikroskop. Man braucht das Mikroskop, nicht um den Menschen – er entschlüpft auch noch diesem Instrument –, wohl aber um die Zeichen seiner Gegenwart, die Straßen, Kanäle, Kolonnen, Transportkähne zu erfassen. Der Mensch impft einen Objektträger fürs Mikroskop. Ich bin ein eisgrauer Gelehrter, und ihr Krieg ist für mich nur noch ein Experiment im Laboratorium.[21]

Immer wieder begegnen wir in seinen späten Schriften diesen sich wiederholenden Themen: Entfremdung, Alter, Tod. Auch im *Kleinen Prinzen* finden sie sich wieder. *Der Kleine Prinz*, die Äußerungen Saint-Exupérys und sein rätselhaftes Verschwinden haben gemeinsam eine Aura des Mythischen gebildet, hinter der Saint-Exupéry als Autor und Mensch beinahe ganz verschwunden ist.

So hat seit seinem Verschwinden eine unwahrscheinliche Verkitschung ihren Lauf genommen, die den Blick auf den hellsichtigen Gesellschafts-

Antoine de Saint-Exupéry im Einsatz in Alghero, Sardinien 1944

beobachter, den virtuosen Natur- und Flugpoeten und den Schriftsteller weitgehend verstellen.

Kaum ein Autor ist jemals so mit einer Figur aus dem eigenen Werk verschmolzen wie Antoine de Saint-Exupéry mit dem *Kleinen Prinzen* vom Asteroiden B 612. Das angeblich nach der Bibel am häufigsten verkaufte Buch aller Zeiten (in Deutschland 1950 erschienen) überragt seinen Schöpfer. Eine Lösung des Rätsels um den letzten Flug Saint-Exupérys kann auch eine Möglichkeit für den Schriftsteller Saint-Exupéry sein, mit seinem übrigen Werk noch einmal in Erscheinung zu treten. Denn weder Autor noch Werk hätten eine Mystifizierung nötig.

Die Bergung

Zurück in Marseille, um die Bergung des Motors so schnell wie möglich durchzuführen, wie der freundliche Botschaftsmitarbeiter geraten hatte, musste Lino von Gartzen die Erfahrung machen, dass in Südfrankreich ein anderes Verständnis von Eile existiert als in Deutschland. Und das, obwohl innerhalb Deutschlands der bayerische Kulturraum auch nicht eben als von preußischer Zügigkeit durchdrungen gilt.

»Langsam, Lino. Heute müssen wir noch etwas anderes machen. Morgen kümmern wir uns dann um den Motor, dann packen wir richtig an.« Diesen Satz hörte Lino in diesen Tagen von seinen französischen Kollegen immer wieder. Einmal war das Wetter nicht optimal. Ein andermal hatte einer der beteiligten Taucher irgendetwas anderes zu tun.

Dann fiel endlich der Entschluss, am nächsten Tag mit der Bergung zu beginnen.

Dann kam der Mistral.

Der Mistral ist ein Nordwestwind in der Provence. Er kann zunächst noch warm beginnen und sich dann nach wenigen Stunden zu einem starken bis sehr starken Wind entwickeln. Der Mistral säubert den Himmel und sorgt für klare Sicht – und für kalte Luft. In der Gegend von Marseille beschleunigt er sich dadurch, dass er durch das Rhônetal kanalisiert wird. Er kann hier Geschwindigkeiten von bis zu 135 km/h erreichen. Durch den Mistral herrscht so starker Seegang, dass ein Tauchgang an einer ungeschützten Stelle wie der unseres Fundortes unmöglich wäre. Hohe Wellen und waagrecht fliegendes Wasser erschweren die Bedingungen auf See, als herrsche bei strahlendem Sonnenschein ein Unwetter.

Es heißt, der Mistral bläst entweder einen Tag, drei Tage, sechs oder neun Tage lang. Das Team hatte noch sechs Tage Zeit. Dieser Mistral dauerte nur drei Tage. Dann waren eineinhalb ruhige Tage vorausgesagt, bevor der nächste Mistral beginnen sollte. Nach Abklingen des Mistral blieben also noch zweieinhalb bis drei Tage für das geplante Unternehmen.

Mistral an der Absturzstelle

Ursprünglich waren für die Bergung drei Tage eingeplant gewesen. Jeweils zwei Taucher sollten graben und den Motor vergurten. Ein Taucher sollte beobachten und sichern, während ein dritter Taucher die Videodokumentation der Arbeiten übernehmen sollte.

An dieser Stelle sollten wir uns noch einmal vergegenwärtigen, was es bedeutet, einen 700 Kilo schweren Motor zu bergen, der in 56 Meter Tiefe beinahe vollständig im Sand verborgen liegt. Insbesondere dann, wenn als Grabungsgeräte nicht viel mehr als die eigenen Hände zur Verfügung stehen. Der Motor musste zuerst großflächig freigelegt werden. Um

Das Bergungsteam, am Steuer Luc Vanrell

Gurte unter dem Motor anbringen zu können, musste er an beiden Seiten vollständig untergraben werden. An diese Gurte sollte später ein Luftsack mit zwei Tonnen Hebekraft angebracht werden, der den Motor vom Meeresgrund an die Wasseroberfläche tragen würde.

An der Erdoberfläche sind wir einen Luftdruck von einer Atmosphäre gewohnt. Auf unserem Körper lastet das Gewicht der Luft, die über und um uns ist. Der Druck unter Wasser nimmt alle zehn Meter um eine Atmosphäre zu. In einer Tiefe von 56 Metern ist der Körper demnach einem Druck von sechseinhalb Atmosphären ausgesetzt. Schnelles Arbeiten ist unter diesen Bedingungen nicht möglich. Jede Bewegung wird mit Bedacht ausgeführt und in einer Geschwindigkeit, die über Wasser schon als Zeitlupentempo empfunden würde, gilt es doch, die körperliche Anstrengung gering zu halten, um eine konstante und ruhige Atmung beizubehalten. Denn die Schwerfälligkeit befällt nicht nur die Gliedmaßen. Auch die Leistungen des Gehirns sind durch den hohen Umgebungsdruck deutlichen Einschränkungen unterworfen. Die Menge des aufgenommenen Stickstoffs und die damit verbundene Beeinträchtigung des Tauchers hängt stark von der körperlichen Belastung und dem damit verbundenen Atemvolumen ab. Der wichtigste Faktor ist jedoch die Tiefe: Taucher sprechen von der Martini-Regel, der zufolge jede Zunahme des Wasserdrucks um eine Atmosphäre mit dem Trinken eines Martinis gleichzusetzen ist. In über 50 Metern Tiefe fühlt sich ein Taucher also, als habe er mehr als fünf Martini getrunken. Der Begriff des Tiefenrausches ist weithin bekannt, wird aber häufig missverstanden. Tiefenrausch meint nicht eine Art Sog, der Taucher dazu treibt, in immer tiefere Tiefen vorzudringen, sondern beschreibt ein medizinisch klar beschreib- und erklärbares Phänomen.

Er entsteht durch den höheren Stickstoffpartialdruck im Blut, der wiederum durch die Druckbedingungen unter Wasser hervorgerufen wird. Dieser erhöhte Stickstoffgehalt ruft ähnliche Wirkungen hervor wie andere Räusche auch: Die Konzentrationsfähigkeit nimmt ab, das logische Denken fällt schwer, die Reaktionszeit steigt, das Kurzzeitgedächtnis ist in Mitleidenschaft gezogen und das Urteilsvermögen eingeschränkt. Mit diesen Phänomenen kann eine gewisse Euphorie einhergehen. Eine Art Champagner- oder eben Martini-Laune, die zugleich die Gefahr des Tiefenrausches ausmacht. Denn wenn die Urteilsfähigkeit herabgesetzt ist, setzen sich manche Taucher einer Gefahr aus, die sie unter diesen extremen Bedingungen schwer abschätzen können. So vergessen Taucher aufgrund des Tiefenrausches zuweilen die Zeit und müssen dann wegen Luftmangel schneller auftauchen, als sie eigentlich dürfen. Taucht man aus großer Tiefe zu schnell auf, so hat der Körper nicht die Möglichkeit, sich an die rasch abnehmenden Druckverhältnisse zu gewöhnen. Der Stickstoff im Blut wird nicht langsam abgebaut, sondern auf einmal freigesetzt, was zu einer Schädigung des zentralen Nervensystems führen kann. Extreme Schmerzen sind nur die geringste Folge. Wenn ein Taucher einen Dekompressionsunfall erleidet und nicht schnellstmöglich wieder unter Wasser oder in eine Druckkammer gebracht wird, können dauerhafte Lähmungserscheinungen auftreten. Aber auch ein tödlicher Ausgang der Taucher- oder Caissonkrankheit ist keine Ausnahme.

Um dieses Risiko zu minimieren, muss man sich beim Tauchen an einen vorgegebenen Zeitplan halten. Nach Ablauf der Grundzeit beginnt man seinen langsamen Aufstieg, dieser wird auf bestimmten Tiefen für sogenannte Dekompressionsstopps unterbrochen. Unabhängig von seiner Erfahrung und seinem Training sollte ein Taucher nur einen tiefen Tauchgang am Tag absolvieren, da auch nach der Dekompressionsphase noch nicht jeglicher Stickstoff aus dem Gewebe abgebaut wurde und ein häufigerer Aufenthalt in großer Tiefe das Risiko körperlicher Schäden deutlich erhöht.

Lino von Gartzen und Luc Vanrell hatten aus Sicherheitsgründen beschlossen, bei der Bergung nur einen Tauchgang pro Tag durchzufüh-

Luc Vanrell beim
Freilegen des Motors
(u. l. und o.), Marcus
Thier dokumentiert
die Bergungsarbeiten
(u. r.).

Luc Vanrell bei
seinem Dekostopp

ren. Dieser sollte zudem nicht länger als eine Stunde dauern, da der Ankerplatz ungeschützt auf offener See lag. Der Motor lag auf einer Tiefe von 56 Metern. Nach einer Arbeitszeit von nur 15 Minuten auf dem Grund muss mit dem Auftauchen begonnen werden, um 40 Minuten später das Wasser verlassen zu können.

Der Aufwand einer solchen Arbeit unter Wasser lässt sich leicht ausrechnen. Wenn ein Taucher unter extrem erschwerten Bedingungen – schlechte Sicht, Tiefenrausch – nur 15 Minuten am Tag arbeiten kann, so kann er in vier Tagen insgesamt eine Stunde an einer Fundstelle arbeiten und in 32 Tauchtagen auf einen achtstündigen Arbeitstag kommen, da die Vorbereitung der Ausrüstung, das Beladen des Bootes, die Fahrzeiten und Nacharbeiten wie Reinigung und das Befüllen der Druckluftflaschen etwa sechs Stunden am Tag in Anspruch nehmen. Hier wird der ungeheure Zeit- und somit auch Kostenaufwand deutlich, mit dem unterwasserarchäologische Projekte behaftet sind. Vermeiden lässt sich der hohe Zeitaufwand lediglich durch den Einsatz ebenfalls teurer Bergungsgerätschaften oder durch den Einsatz einer großen Tauchmannschaft, wie sie etwa Jacques Cousteau bei der Arbeit an seinen Projekten zur Verfügung stand. Allerdings sinkt hierdurch nur der Zeitaufwand für ein Projekt, nicht aber der damit verbundene Kostenaufwand.

Eine Möglichkeit, die Tauchzeit in größeren Tiefen zu verlängern und die Wirkungen der Stickstoffnarkose zu reduzieren, besteht darin, die Tauchflaschen nicht mit Pressluft, sondern einem Gemisch aus Sauerstoff, Helium und Stickstoff, dem sogenannten *Trimix* zu befüllen. Diese Technik hatte das Taucherteam für die Tauchgänge im Jahr zuvor genutzt, als es darum ging, den Motor und die nähere Umgebung zu untersuchen. Zur Dekompression bei Trimix-Tauchgängen benötigt man aber weitere Gase, die man beim Tauchgang in zusätzlichen Flaschen mitführen muss. Diese zusätzliche Ausrüstung schränkt jedoch die Bewegungsfähigkeit ein und ist deshalb bei Grabungsarbeiten während der Bergung hinderlich. Trimix ist außerdem teuer. Ein Tauchgang mit Trimix und Dekompressionsgasen kostet etwa 40 Euro, während ein Tauchgang mit Pressluft für unsere Tauchmannschaft kostenlos war, da Luc Vanrell über einen Kompressor verfügt, mit dem er selbst Pressluftflaschen befüllen kann.

Die Arbeitsbedingungen unter Wasser sind extrem und nicht jedem Menschen liegt es, Luft über ein automatisches System einzuatmen. Auch Antoine de Saint-Exupéry schätzte es nicht, bei seinen Flügen in großer Höhe das Sauerstoffgerät benutzen zu müssen. Häufig zog er die Sauerstoffmaske während des Fluges in geringeren Höhen für eine Weile ab und vergaß dann, sich im Steigflug wieder mit ausreichend Sauerstoff zu versorgen. Er beschreibt eine solche Szene in *Flug nach Arras*.

Es geht nicht mit rechten Dingen zu, dass ich vor Schweiß triefe bei fünfzig Grad Kälte. Das ist nicht normal. Aha, eben habe ich begriffen, was los ist: Ganz allmählich verliere ich das Bewusstsein. Ganz allmählich …

Ich sehe das Armaturenbrett. Ich sehe das Armaturenbrett nicht mehr. Meine Hände schlafen am Steuer ein. Ich habe nicht einmal mehr die Kraft zum Sprechen. Ich lasse mich gehen. Sich einfach so gehen lassen …

Ich habe die Kautschukleitung geklemmt. Ich habe in die Nase den belebenden Gasstoß bekommen. Es liegt also nicht am Versagen des Sauerstoffs. Es liegt … Ach ja, natürlich. Ich war auch zu dumm. Es liegt am Fußsteuer. Ich habe mich gegen mein Fußsteuer wie ein Trimmer, ein Kutscher gebärdet. In zehntausend Meter Höhe habe ich mich wie ein Schaubudenkämpfer aufgeführt. Mein Sauerstoff war aber bemessen. Ich sollte sparsam mit ihm umgehen. Nun büße ich die Orgie …

Ich atme in raschen Zügen. Mein Herz schlägt schnell, sehr schnell. Es ist wie ein schwaches Ticken.[22]

Jeder, der einmal am Strand oder im Sandkasten ein Loch gebuddelt hat, weiß, wie schnell der Sand von den Seitenwänden herabrieselt und die Vertiefung nach wenigen Minuten zu einer flachen Kuhle werden lässt. Unter Wasser gestaltet sich dieses Problem noch wesentlich schwieriger. Und in 56 Meter Tiefe scheint es wie ein gewaltiges Projekt – insbesondere wenn die tägliche Arbeitszeit nur etwa 15 Minuten beträgt, in denen so viel gegraben werden muss, dass das Ergebnis des Tages nicht am nächsten Morgen von der Dünung wieder verweht ist.

Allerdings hat das Graben im Sand auf dem Meeresboden mit dem Idyll des Buddelns am Strand wenig gemein. Denn rutscht der Motor bei der Freilegung auch nur wenige Zentimeter zur Seite, könnte er Fuß oder Hand des Tauchers einklemmen. In einem solchen Fall bestünde die einzige Rettung, um der ebenfalls tödlichen Gefahr der Dekompression zu entgehen, darin, sich das entsprechende Körperteil abzutrennen. Vorsicht war also geboten. Zugleich durften die Gedanken an die Gefahr die Arbeiten nicht allzu sehr verlangsamen und einschränken.

Für die wegen des Wetters verbleibende Zeit von zweieinhalb Tagen erwies sich die Aufgabe als zu umfangreich. Zwar konnte der Motor seitlich komplett freigelegt werden, der Gurt an der rechten Seite konnte aber noch nicht zufriedenstellend unter dem Motor durchgeführt werden. Das Team wollte bei der Vergurtung des Motors jedoch besonders gründlich sein und das Risiko einer übereilten Bergung nicht eingehen. So wurde bei diesem ersten Anlauf nichts aus der Bergung. Lino von Gartzens Urlaub war zu Ende, Luc Vanrell hatte ebenfalls anderweitige Verpflichtungen. Das Team einigte sich darauf, so schnell wie möglich einen weiteren Termin zu finden, um den Motor aus der Tiefe an die Oberfläche zu holen.

Von Deutschland aus drängte Lino darauf, dass der Motor möglichst bald aus dem Wasser geholt werden sollte. Allerdings war es auch wichtig, dass er dann nicht zu lange ununtersucht an der Oberfläche bliebe. Denn sobald ein solches Stück mit Sauerstoff in Berührung kommt, setzt ein rapider Zerfallsprozess ein. Haben sich Schiffsplanken über Jahrhunderte oder gar Jahrtausende unter Wasser und im Schlick erhalten, so können sie an Sonne und Luft mitunter innerhalb eines Tages zu Staub zerfallen. Zwar ist dieses Problem bei einem 60 Jahre alten Motor nicht in dieser Weise gegeben, dennoch war Eile geboten und ein längerer Zeitraum zwischen Bergung und Untersuchung ungünstig. So arbeiteten Luc Vanrell, Anne Delhomme und Jean-Bernard Pouillard in den folgenden zwei Wochen ohne deutsche Unterstützung weiter. Schließlich gelang es ihnen nach weiteren sechs Tauchgängen, alle Gurte unter dem Motor hindurchzuführen und so zu sichern, dass sie nicht verrutschen konnten.

Der Motor ist geborgen und hängt am Hebesack.

Der Hebesack wurde befestigt und mit Druckluft befüllt. Zu diesem Zweck waren zusätzlich vier Tauchflaschen mit in die Tiefe genommen worden. Erst nachdem drei Flaschen in den Hebesack geleert waren, hob dieser sich langsam aus dem Sediment. Es galt, sich rasch gegen die leichte Strömung aus dem Gefahrenbereich zu entfernen. Der Motor bewegte sich nun immer schneller werdend der Oberfläche entgegen. Zuerst erschienen Blasen an der Wasseroberfläche, dann schoss der rote Hebesack aus dem Wasser, darunter erhob sich, wenn auch nur für Sekundenbruchteile, der Motor in die Luft. Das Gespann fiel zurück ins Wasser. Die Gurte hielten. Der Motor wurde in Richtung Marseille geschleppt und dort abends im Hafen auf Grund gesetzt.

Einige Tage später stießen auch Lino von Gartzen und Marcus Thier wieder zum Team und tauchten gemeinsam mit Luc Vanrell und Philippe Castellano zu dem Motor im Hafenbecken, um die endgültige Bergung vorzubereiten. Unter Wasser umkreisten die Forscher den Motor wie Putzerfische. Die ersten Eindrücke waren zwiespältig: Zwar war der Motor geborgen, aber auf der Unterseite des Motors fehlten wichtige Bauteile, darunter das Typenschild und der Lader. Weitere Erkenntnisse würden erst nach einer gründlichen Untersuchung zu erwarten sein.

Nach der Bergung mithilfe eines Bootskrans wurde der Motor mit Wasser gespült, luftdicht verpackt und für die Reise auf einem Anhänger gesichert. Noch am gleichen Tag fuhren Lino von Gartzen und Marcus Thier zurück nach München, wo sie den Motor zur weiteren Untersuchung auf das Gelände des Werftvereins in Oberschleißheim brachten.

Lino von Gartzen beim
Tauchgang zum Motor

»Doch welche geistige Einsamkeit!«

Im Jahr 1944 hatte Antoine de Saint-Exupéry die Altersgrenze für einen Flieger im Kriegseinsatz lange überschritten. Das ideale Alter für einen Jagdflieger lag bei 22 Jahren. Militärische Flieger sind Hochleistungssportler. Betrachtet man ein Foto eines jungen Piloten, dem nach mehrstündigem Einsatz aus der Kanzel geholfen wird, so wundert man sich, dass es sich um junge Männer, beinahe Jugendliche von Anfang 20 handelt. Die Strapazen von Kälte, Lärm und Stress haben den Menschen altern lassen. Die Fliehkräfte haben am Körper gezerrt. Die Gesichter sind zerfurcht. Die Augen liegen tief. Der Körper ist ermattet.

Antoine de Saint-Exupéry hatte als Flugpionier in den 1920er-Jahren einen Beruf erlernt, der ihm ebenso Berufung war wie das Schreiben. Das Fliegen war in den 1920er-Jahren wesentlich abenteuerlicher, körperlicher und auch lebensgefährlicher als nur wenige Jahrzehnte später. Das Steuern des Flugzeugs bestand zu jener Zeit, vereinfacht gesagt, nicht aus dem Drücken von Knöpfen, sondern aus dem Betätigen von Seilzügen. In seinem Buch *Wind, Sand und Sterne* schildert Saint-Exupéry, wie er als Mann mit Flugzeug gegen ein Unwetter ankämpft, dessen Fährnisse er durch Muskelkraft, Ausdauer, Erfahrung und Geschick überlebt.

Ich mache eine entsetzliche Entdeckung: meine Hände sind eingeschlafen und tot. Sie geben keine Botschaft weiter, wohl schon seit einer ganzen Weile, ich hatte nur nichts davon gemerkt. Und wenn man es merkt, ist die Sache schlimmer, denn dann quält man sich mit der Frage: Wie befiehlt man seinen eigenen Händen? Das Reißen an den Flügeln hatte eben die ganze Zeit an den Steuerdrähten gezerrt und das Steuerrad wild ausschlagen lassen. Eine Dreiviertelstunde habe ich es krampfhaft festgehalten, um diese Stöße auszugleichen, von denen ich fürchten mußte, daß sie die Drahtseile sprengten. Ich habe zu krampfhaft gehalten, und meine Hände haben jedes Gefühl verloren.[23]

In seinem letzten abgeschlossenen Werk über das Fliegen, *Flug nach Arras*, schildert Saint-Exupéry, wie sich das Fliegerhandwerk durch die Technik verändert hat. Nicht mehr der Mensch und die Natur stehen einander beim Fliegen gegenüber, sondern der Mensch und die von ihm geschaffene Technik. Er schreibt über die 103 Instrumente, die er inzwischen zu bedienen hat, und darüber, wie das »ganze Gewirr von Röhren und Kabeln zu einem Kreislaufsystem geworden« ist.[24] So ist der Mensch nicht mehr Herr über, sondern Teil der Maschine selbst, die ihn mit Atemschläuchen und in den Anzug eingenähten Heizwendeln vor der kalten und dünnen Luft in 10 000 Metern Höhe schützt. Der Pilot ist nicht mehr absoluter Herrscher über die Maschine, sondern wird auch zum Beherrschten, der gemeinsam mit seinem Fluggerät in großer Höhe zu überleben versucht. Einzig der Intellekt erhebt ihn über die Konstruktion, in der er sich eingezwängt befindet. Der Flugpionier ist zum fliegenden Ingenieur geworden.

Saint-Exupéry schreibt, indem er sich dem Zauber des Fliegens widmet, auch über dessen Entzauberung. Zwar übte das Fliegen, damals wohl noch mehr als heute, seinen Reiz aus: die Welt von oben sehen zu können und sich über die Hindernisse des erdgebundenen Menschen hinwegsetzen zu können. Doch ist anzunehmen, dass die neue Technologie in ihren ersten Jahrzehnten eine Magie verströmte, in der die Maschine noch nicht zum bloßen Verkehrsmittel oder zur Umweltverschmutzungsmaschine geschrumpft war. Und in den 1940er-Jahren war das Flugzeug keine Attraktion mehr, sondern eine Waffe.

Die Sensationen waren von den Gebrüdern Wright, die im Jahr 1903 als Erste ein dauerhaft funktionierendes Motorflugzeug konstruiert hatten, von Louis Blériot, der 1909 als Erster den Ärmelkanal überquerte, von

Charles Lindbergh und Amelia Earheart mit ihren Transatlantikflügen und von Elly Beinhorn mit ihrer Weltumrundung im Jahr 1932 zur Vollendung gebracht worden. Wohl waren auch Ereignisse wie das Durchbrechen der Schallmauer durch den amerikanischen Kriegshelden Chuck Yeager im Jahr 1947 oder die Entwicklung des Düsenantriebs noch sensationell. Doch trugen all diese Entwicklungen langfristig eher zur Banalisierung des Fliegens bei als zu seiner mythischen Erhöhung.

In den ersten Jahrzehnten des Fliegens war dies anders gewesen. Antoine de Saint-Exupéry hatte seine Karriere als Pilot in ebenjener Zeit begonnen, in der es noch kaum regelmäßig beflogene Routen gab und in der einige der großen Pioniere ihre Taten – wie etwa die Überquerung des Atlantiks – noch nicht vollbracht hatten.

Saint-Exupéry hätte im Alter von 44 Jahren aus gesundheitlichen Gründen nicht mehr fliegen dürfen. Ein Bild aus dem Jahr 1944 zeigt den stark gealtert erscheinenden Dichter, der mit ausgebreiteten Armen neben einem Flugzeug steht und sich von einem Helfer in den Fliegeranzug zwängen lässt. Das Gesicht ist aufgedunsen, der Körper massig. Die Gelenke sind steif. Es fiel ihm schwer, seinen Hals zu drehen und sich umzuwenden. Beim Fliegen in schwerer Kleidung und engen Kabinen konnte sich diese Behinderung als lebensgefährlich erweisen. Denn waren alle Flieger im Kriegseinsatz, gleich, ob Aufklärungs- oder Jagdflieger, durch Angreifer bedroht, die sich ihnen von hinten näherten, so galt dies für Saint-Exupéry in besonderem Maße: Statt sich mit einem raschen Blick über die Schulter zu vergewissern, ob sich ihm ein feindlicher Flieger ans Heck geheftet hatte, musste der einstige Flugpionier umständliche Kurven fliegen, um die Lage richtig einschätzen zu können.

Abgesehen von diesen Veteranen-Beschwerden, die ihn selbst immer wieder daran zweifeln ließen, ob er weiterhin fliegen könnte, geschweige denn den jeweils nächsten Einsatz überleben würde, hatte auch seine intensive Lebensweise Spuren hinterlassen. Saint-Exupéry war ein lebens-

und wohl auch trinkfreudiger Mann. Nächtelang saß er in Pariser Cafés, vor sich ein Glas Wein, in der einen Hand den Stift, mit dem er schrieb und zeichnete, in der anderen Hand die Zigarette, mit der er in der Luft herumfuchtelte, als wollte er Mücken vertreiben – beinahe so, als wedelte er mit der freien Hand Gedanken beiseite, die im Begriffe waren, den Fluss seiner Worte zu stören.[25]

Wie die meisten Helden wurde auch Antoine de Saint-Exupéry dadurch unsterblich, dass er nicht übermenschlich war, sondern angreifbar und verletzlich. Neben seinen den Flugabenteuern geschuldeten Gebrechen litt er aber auch unter Magen-, Nieren- und Leberproblemen, die wohl auf seine dem Leben zugewandte, aber reichlich ungesunde Lebensweise zurückzuführen waren.

Es wird berichtet, Saint-Exupéry habe in seiner letzten Nacht nicht geschlafen, sein Bett sei unberührt gewesen. Es gibt Gerüchte, er habe diese Nacht mit einer Frau verbracht. Wie auch immer – all das passt in das Bild, das wir uns von Saint-Exupéry gemacht haben.

Fest steht, dass er auf seinem Tisch zwei Briefe hinterlassen hat. Da wir wissen, dass Saint-Exupéry diesen Tag nicht überleben sollte, wirkt eines dieser beiden Schreiben wie ein Abschiedsbrief. Saint-Exupéry fasst darin all das zusammen, was ihm in den letzten Monaten seines Lebens wichtig war.

Ich für meinen Teil führe Krieg so gründlich wie möglich. Bestimmt bin ich der älteste Pilot der Welt. Die Altersgrenze für den Jagdeindecker, den ich fliege, beträgt dreißig Jahre. Und neulich hatte ich eine Motorpanne in 10 000 Meter Höhe über Annecy, gerade als ich … 44 geworden war. Während ich mit der Geschwindigkeit einer Schildkröte über die Alpen schaukelte, als Freiwild für jeden deutschen Jäger, musste ich lächeln beim Gedanken an die Superpatrioten, die in Nordafrika meine Bücher verbieten. Komisch ist das. Seit meiner Rückkehr zur Gruppe (die Rückkehr ist ein Wunder) habe ich alles mitgemacht. Ich hatte einen Sauerstoffdefekt, wurde ohnmächtig, weil der Sauerstoff ausblieb, wurde von Jägern verfolgt und erlebte auch einen Brand während des Flugs. Ich zahle mit guter Münze. Ich glaube nicht, dass ich allzu geizig bin und komme mir vor wie ein braver Zimmermann. Das ist das Einzige, was mich befriedigt. Und auch, dass ich als einziger Flieger und allein an Bord stundenlang über Frankreich kreise, um Aufnahmen zu machen. Seltsam ist das.

Hier ist man weit weg von der Hassatmosphäre, aber so nett die Gruppe auch ist, man steckt doch ein wenig im menschlichen Elend. Ich habe – niemals – jemanden, mit dem ich reden kann. Es ist schon was, wenn man Menschen hat, mit denen sich leben lässt. Doch welche geistige Einsamkeit! Sollte ich abgeschossen werden, werde ich rein gar nichts bedauern. Vor dem künftigen Termitenhaufen graut mir. Und ich hasse ihre Robotertugend. Ich war dazu geschaffen, Gärtner zu sein.

Ich umarme Sie.[26]

Am 31. Juli 1944 soll Antoine de Saint-Exupéry von Bastia-Borgo auf Korsika zu einer Aufklärungsmission nach Grenoble-Annecy fliegen. Die Flugbedingungen sind bestens. Die Route führt über die Gegend von Saint-Tropez, in der er einen Teil seiner Kindheit im Schloss La Môle verbracht hatte.

Was genau während dieses Fluges geschah und warum Saint-Exupéry nicht zu seinem Stützpunkt zurückkehrte, sollte 60 Jahre lang verborgen bleiben.

Die ersten Augenzeugenberichte

Bereits im Jahr 1948 tauchte die erste Äußerung, die das Verschwinden Saint-Exupérys mit einem möglichen Abschuss in Verbindung brachte, auf. Der deutsche Pfarrer Hermann Korth, der 1944 als Offizier im Luftflottenkommando 2 in Malcesine am Gardasee stationiert gewesen war, schrieb in einem Brief an Gaston Gallimard, den französischen Verleger Saint-Exupérys, er habe möglicherweise Informationen über das Verschwinden Saint-Exupéry. In seinem persönlichen Notizbuch hatte er folgenden Eintrag für den 31. Juli 1944 gefunden:

> *Anr[uf]) Trib[un] K[ant] Abschuss 1 Aufkl[ärungsflugzeug] brennend über See. Aufkl[ärungsflug] Ajacc[io] unverändert.*

Hermann Korth gab an, *Tribun* sei der Codename einer Dienststelle in Avignon gewesen, er habe von dort spätabends einen Anruf bekommen und den Inhalt in sein privates Notizbuch eingetragen, um die Notiz am nächsten Tag in die offiziellen Dokumente zu übertragen. (Die Ergänzungen in eckigen Klammern hat er 1948 selbst vorgenommen.)

Die Augenzeugenberichte mehrten sich über die Jahre. Von Nizza bis Marseille gaben Bewohner von an der Küste gelegenen Orten an, am 31. Juli 1944 eine *P-38 Lightning* beobachtet zu haben.

So existiert die schriftliche Aussage von Claude-Alain Jaeger, der als Schüler in dem küstennahen Dorf Biot in der Gegend von Nizza lebte und in einem Tagebuch das Kriegsgeschehen festhielt. Am 31. Juli 1944 notierte er mittags den Überflug einer *P-38 Lightning*. Er habe deutlich eine silberne Maschine mit doppeltem Leitwerk beobachtet, die aus Richtung Grasse zum Meer flog, das knapp vier Kilometer von Biot entfernt ist. Den Typ habe er bestimmen können, weil er sich für diese Flugzeuge interessierte und Abbildungen der *P-38 Lightning* in Zeitschriften gesehen hatte. Er beschreibt, dass das Flugzeug verfolgt und beschossen, jedoch offenbar nicht getroffen wurde. Auch eine Motorstörung sei nicht zu hören gewesen. Ihm sei deutlich auf einem der Flügel der amerikanische Stern und die seitlich aufgebrachte französische Kokarde aufgefallen, da die Maschine knapp über die Häuserdächer hinweggerast sei.

Ein weiterer Augenzeuge war der ehemalige deutsche Kommandeur Leopold Böhm: Er habe am 31. Juli 1944 von einer Stellung bei Monaco aus drei Flugzeuge gesehen, die Richtung Monte Carlo geflogen seien. Zwei Maschinen hätten sich höher befunden und die dritte Maschine zu einer Wasserung gezwungen.

Die *P-38* war ein auffälliges Flugzeug. Es ist glaubwürdig, dass nicht nur Piloten genau beschreiben konnten, welches Flugzeug sie abgeschossen hatten, sondern auch Laien eine *P-38* erkennen konnten, wenn sie eine solche sahen. Mit seinen zwei Motoren, dem doppelten Leitwerk und der vollständig silbernen Verkleidung bot dieses erfolgreiche Flugzeug der Amerikaner im Zweiten Weltkrieg eine markante Silhouette.

Gruppe des Reichsarbeitsdienstes (RAD)

Die einzelnen Zeugenaussagen entsprechen sich in der angegebenen Zeit und hinsichtlich des Ortes. Allerdings liegt dieser Ort nicht in der Nähe des tatsächlichen Fundortes des Wracks von Antoine de Saint-Exupéry, sondern über 150 Kilometer weiter östlich.

Im Jahr 1981 veröffentlichte der ehemalige Hauptmann Antoine de Saint-Exupérys, Jean Leleu, eine Erklärung für diese Beobachtungen. In der französischen Fliegerzeitschrift *Icare* schrieb er, dass es sich bei dem von Hermann Korth notierten Abschuss und bei den von Augenzeugen in der Gegend um Biot und Monaco beobachteten Flugzeugen möglicherweise um eine Verwechslung handele.

Da Hermann Korth seine Aufzeichnung vornahm, als er bereits im Bett lag, könne es durchaus wahrscheinlich sein, dass er diese in der Nacht vom 30. auf den 31. Juli vorgenommen habe. Wenn er also am 31. Juli die zitierte Aufzeichnung vorgenommen hatte, konnte es demnach sein, dass es sich um die Uhrzeit 0.30 Uhr am 31. Juli 1944 gehandelt habe. In diesem Fall könnte es sich bei dem gemeldeten Abschuss um die Maschine des Piloten Meredith handeln, der an ebenjenem 30. Juli von seinem Einsatz mit seiner *P-38* nicht zurückgekehrt war. Er wurde um 13.15 Uhr von deutschen Jagdfliegern im Planquadrat EQ2 südlich von Monaco abgeschossen.

Tatsächlich besteht jedoch eine hohe Wahrscheinlichkeit für diese von Jean Leleu angenommene Verwechslung. Denn der Abschuss von Meredith am 30. Juli 1944 erfolgte auf See, genau südlich der von den Zeugen angegebenen Stelle.

Korth jedoch beteuerte, er sei sich sicher, dass seine Aufzeichnungen den 31. Juli 1944 beträfen.

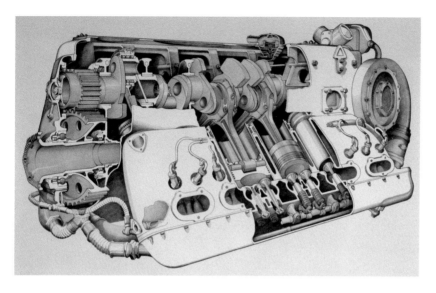

Schnittzeichnung des
DB-601-Motors

Was der Motor verrät

Der Werftverein Oberschleißheim befindet sich auf dem ältesten Flughafen Bayerns im Norden Münchens. Nach dem Zweiten Weltkrieg wurde das Gelände zeitweilig von der US-Luftwaffe und anschließend vom Bundesgrenzschutz genutzt, bis es eine Zeit lang leer stand und die alten Flugwerfthallen aus den 1920er-Jahren zu verfallen drohten. Anfang der 1980er-Jahre wurde der Werftverein mit dem selbst gewählten Auftrag gegründet, den Flugplatz und die darauf befindlichen historischen Gebäude zu erhalten. Nachdem diese anfänglichen Projekte finanziert waren, bezog das Deutsche Museum aus München mit seiner Flugzeugsammlung die renovierten Hallen des Werftvereins. Heute beschäftigt sich der Werftverein mit der historischen Erforschung von Flugzeugen, einzelner Flugzeugteile und deren Restaurierung. Über seine Verbindung zum Deutschen Museum – dem größten technischen Museum der Welt –, die eine ausgezeichnete Referenz darstellt, war dies der ideale Ort für die Untersuchung des Motors.

Der Motor beim
Werftverein in
Oberschleißheim

Im Mai 2006 begann Lino von Gartzen mit Mitarbeitern des Vereins den Motor zu zerlegen, die einzelnen Teile zu säubern und zu konservieren. Dann versuchte er, möglichst viele Informationen über die Bauteile zu erhalten. Bereits in den 1930er- und 1940er-Jahren wurde ein komplexes Gebilde wie ein Flugzeugmotor nicht nur von einem Unternehmen hergestellt, sondern es arbeitete mit zahlreichen Zulieferfirmen in ganz Europa zusammen. So führten ihn seine Recherchen über die einzelnen Bauteile des Motors in die Archive von Škoda in Pilsen, zu Bosch in Gerlingen, nochmals zu Daimler und zu L'Orange in Stuttgart.

Von den Haushistorikern im Archiv der Daimler AG wurde er wie zuvor sehr bereitwillig unterstützt. Andere Firmen hatten kein offizielles Archiv, doch er traf auf interessierte Techniker, die aus eigener Initiative firmengeschichtliche Materialien, alte Dokumente, alte Bauteile und Handbücher sammelten.

Immer wieder erlebte Lino von Gartzen bei seinen Recherchen, dass der Name Saint-Exupéry als machtvoller Türöffner diente. Allein die Erwähnung des Namens im Zusammenhang mit einem Rechercheprojekt ließ die meisten Ansprechpartner aufmerksam werden.

Die Zuordnung einzelner Bauteile war zunächst schwierig, weil auf diesen vielfach kein Firmenlogo, sondern eine Tarnnummer eingeprägt war. Dies hatte den Hintergrund, dass aus den Trümmern abgeschossener Flugzeuge und den darin verbauten Teilen nicht rückgeschlossen werden sollte, wo das jeweilige Teil produziert worden war. Derartige Informationen hätten den alliierten Verbänden wiederum wichtige Anhaltspunkte für mögliche neuralgische Bombenziele geben können.

Es fehlten außerdem wichtige Teile des Motors, die eine zeitliche Einordnung erlaubt hätten. Relevant war daher besonders die Information, wann genau die Einspritzdüsen und die Zündkerzen hergestellt worden waren.

Luc Vanrell und Philippe Castellano untersuchen den Motor.

103

Aus dem Mosaik der Einzelteile ergab sich schließlich folgendes Bild: Es handelte sich um einen Motor, der nicht unter regulären Umständen zu Kriegsbeginn, sondern unter schwierigeren Umständen im Verlauf des Krieges gebaut und vor allem gewartet wurde. Insgesamt fanden sich Teile aus den Jahren 1941 bis 1943. Der Zylinderblock musste aus einer frühen Serie der DB-601-Produktion von Anfang 1941 stammen. Die älteste Zündkerze ließ sich auf März 1941 datieren, die jüngste

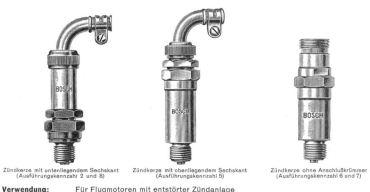

Zündkerze mit untenliegendem Sechskant Zündkerze mit obenliegendem Sechskant Zündkerze ohne Anschlußkrümmer
(Ausführungskennzahl 2 und 8) (Ausführungskennzahl 5) (Ausführungskennzahl 6 und 7)

Verwendung: Für Flugmotoren mit entstörter Zündanlage

Aufbau: Die Zündkerzen sind zerlegbar; sie sind entstört.
 Weitere Einzelheiten siehe BOSCH-Beschreibung und Einbauvorschrift VTD/L 501

Datenblatt von
Bosch-Zündkerzen (o.),
Zündkerzen vor und
nach der Reinigung (u.)

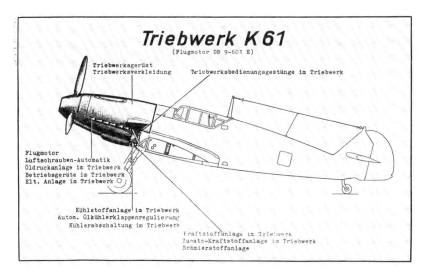

Triebwerk K 61
(Flugmotor DB 9-601 E)

Triebwerksgerüst
Triebwerksverkleidung   Triebwerksbedienungsgestänge im Triebwerk

Flugmotor
Luftschrauben-Automatik
Öldruckanlage im Triebwerk
Betriebsgeräte im Triebwerk
Elt. Anlage im Triebwerk

Kühlstoffanlage im Triebwerk
Autom. Ölkühlerklappenregulierung
Kühlerabschaltung im Triebwerk

Kraftstoffanlage im Triebwerk
Zusatz-Kraftstoffanlage im Triebwerk
Schmierstoffanlage

Ausstattung der
Messerschmitt Bf 109-F
mit dem Motor DB 601

auf April 1942.[27] Der Motor wurde vermutlich durch den Einbau einer neuen Bosch-Einspritzpumpe im Jahr 1943 modernisiert.

Aus den vorliegenden Daten konnte geschlossen werden, dass der Motor in einer *Me 109-F4* montiert war, die modernisiert wurde und zwischen Anfang 1943 und Mitte 1944 in Südfrankreich im Einsatz war, bevor sie im Mittelmeer verschwand.[28] Die nicht ganz einheitliche Ausstattung des Motors ließ zudem vermuten, dass das Flugzeug aus den Beständen der Jagdgruppe Süd stammte, einer Ausbildungsgruppe für Jagdflieger, die von November 1942 bis Juni 1944 auf den Flughäfen Salon de Provence, Orange-Caritat, Avignon und Marseille-Marignane stationiert war. Gerade bei diesen Einheiten wurden eher betagte Maschinen geflogen, die mit allen verfügbaren Mitteln modernisiert und flugfähig gehalten wurden. Im Juni 1944 wurde die Jagdgruppe Süd durch die Jagdgruppe 200 abgelöst, in der Maschinen des Typs *Me 109-G6* eingesetzt wurden, die mit einem anderen Daimler-Motor ausgestattet waren.

Somit stand jetzt mit großer Wahrscheinlichkeit fest, dass das betreffende Flugzeug, zu dem dieser Motor einst gehörte, nicht im Zusammenhang mit dem Absturz Antoine de Saint-Exupérys stand. Doch Lino von Gartzen wollte sich mit dieser Erkenntnis noch nicht zufriedengeben. Er fragte sich, wer der Pilot der abgestürzten Maschine und wie es zu dem Absturz gekommen war.

Absturz in den Alpen?

Lange Zeit wurde spekuliert, dass Antoine de Saint-Exupéry über den Alpen abgestürzt sein könnte. Es ist nicht ganz klar, woher diese These rührt. Folgende Erklärung für die Herkunft dieser Vermutung erscheint jedoch plausibel: Insbesondere in dicht besiedelten ländlichen Gebieten werden Luftkämpfe häufig auch Jahre nach dem Ereignis mit verblüffender Präzision beschrieben. So können Abstürze durch Tagebucheinträge oder übereinstimmende Aussagen mehrerer Zeitzeugen rekonstruiert werden. Über dem freien Wasser konnten Luftkämpfe sehr häufig unverstellt von Land oder von einem Fischerboot aus beobachtet werden. Wenn ein Pilot jedoch in einem unbesiedelten Alpental abstürzte, gab es keine Zeugen. Wenn das Flugzeug aus großer Höhe auf den Boden zuraste und dieser schlammig und weich war, konnte sich die Maschine einige Meter tief in den Morast bohren. So kam es weder zu einer Explosion noch zu einer weithin sichtbaren Rauchsäule, die wiederum eine Suche nach dem Ort des Brandherdes nach sich gezogen hätte.

Ist ein Flugzeug also verschollen und lässt sich nachvollziehen, dass es entweder über den Alpen oder vor der Küste abgestürzt sein muss, dann erscheint ein Absturz in den Alpen wahrscheinlicher. Allerdings sind all diese Überlegungen in unserem Fall müßig, da durch die zweifelsfreie Identifizierung des Wracks der von Antoine de Saint-Exupéry am 31. Juli 1944 geflogenen *P-38 Lightning* ein Absturz in den Alpen definitiv ausgeschlossen werden kann.

Rechte Seite: Alexis Prinz zu Bentheim und Steinfurt, Gemälde von Colombo Max, 1949

II
Der Prinz

Der Flugzeugführer

Philippe Castellano hatte mit seinem Verein *Aéro-Re.L.I.C.* seit den
1990er-Jahren alle verfügbaren Informationen über Flugzeugabstürze in
Südfrankreich im Zweiten Weltkrieg zusammengetragen. Die Ereignisse
waren in einer chronologischen Liste zusammengefasst. Aus dieser Liste
ging hervor, dass im Raum Marseille zwei Flugzeuge des Typs *Me 109-F4*
als vermisst galten.

Um diese Informationen abzugleichen, suchte Lino von Gartzen das Militärarchiv in Freiburg auf. Er wollte in Erfahrung bringen, ob die Informationen aus Philippes Liste bestätigt werden konnten und ob noch
andere Flugzeuge desselben Typs im fraglichen Zeitraum in ebenjener
Gegend um Marseille als vermisst galten.

Die Arbeit im Militärarchiv funktioniert anders als die Suche nach Akten
in einem Unternehmen: Man beantragt einen Termin und findet sich
dann in einer Lesehalle ein, in die zweimal am Tag Dokumente geliefert
werden. Im Leseraum liegen Findbücher aus, in denen man, nach Themen sortiert, erfasste und verfügbare Akten finden und deren Aktenzeichen ermitteln kann. Über dieses Aktenzeichen kann dann das
Originaldokument bestellt und eingesehen werden. Wenn man von
einem Dokument ausgehend darauf kommt, dass man in einem bestimmten anderen Dokument eine wichtige Information erfahren
könnte, muss man rechtzeitig eine neue Bestellung aufgeben, um dann
mit der nächsten Lieferung das betreffende Dokument erhalten zu können. Diese Vorgehensweise mit historischen Dokumenten ist nachvollziehbar, das Arbeiten damit jedoch mühsam und zeitaufwendig.

Der Bestand des Militärarchivs umfasst hauptsächlich auf Einheiten bezogene Daten wie Kriegstagebücher, Befehle und Verlustlisten. Personen-
bezogene Daten wie Personalakten mit militärischem Werdegang,
Stationierung und Anträge auf Abschussanerkennungen befinden sich

in Berlin bei der Wehrmachtsauskunftsstelle (WASt). Die Dokumente der WASt unterliegen aus Datenschutzgründen besonderen Bedingungen: Erst 30 Jahre nach dem Tod wird Forschern auf schriftliche Anfrage hin Auskunft über in einzelnen Akten befindliche Informationen gegeben. Die Bearbeitung solcher Anfragen kann je nach Auslastung der Archivmitarbeiter mehrere Monate dauern.

Der erste Name auf Philippe Castellanos Liste, der als Pilot des Flugzeugs infrage kam, lautete Edmund Stoppant. Stoppant war als Jagdflieger der Jagdgruppe Süd am 21. Januar 1944 abgestürzt. In den Verlustlisten fand sich jedoch keine weiterführende Information dazu, da für diesen Tag

Wrack einer *Messerschmitt Bf 109-F4* bei der Île de Bagaud

keine Angaben erhalten waren. Auch eine Anfrage bei der WASt blieb ohne Erfolg. Die ursprüngliche Quelle der Informationen für diesen Namen auf Castellanos Liste konnte nicht mehr ermittelt werden.

Als sich Zweifel an der Qualität und Zuverlässigkeit dieser Liste auftaten, kam der Zufall zu Hilfe. Zwei Jahre zuvor hatte Lino von Gartzen von dem Wrack einer *Messerschmitt* gehört, das 80 Kilometer weiter östlich von Marseille bei der Insel Port Cros lag. Auch zu diesem Flugzeug fanden sich Informationen derselben unbekannten Quelle. Da dieses Flugzeug zudem am selben Tag wie das von Stoppant abgestürzt war, beschloss Lino, sich diese Maschine unter Wasser einmal genau anzusehen.

Die Untersuchungen des Wracks bestätigten den auf der Liste angegebenen Flugzeugtyp und damit den Ort des Absturzes. Über die WASt konnte der Name des Flugzeugführers verifiziert werden. Auch von amerikanischer Seite konnten entsprechende Dokumente gefunden werden. Ein Kriegstagebuch berichtet über den Abschuss bei der Insel und eine Abschussbestätigung für einen US-Jagdflieger weist den Vorfall ebenfalls offiziell aus.[29]

Die Prüfung einer Quelle durch Untersuchung eines anderen Falles erwies sich als ein erfolgreicher Ansatz. Philippe Castellanos Informationsquelle schien nun glaubwürdig genug, um sich weiter mit Edmund Stoppant zu beschäftigen.

Während seiner Recherchen fielen Lino von Gartzen immer wieder Fehler in den Namenschreibweisen auf. Er stellte deshalb eine erneute Anfrage an die WASt, mit der Bitte, nach Namen zu suchen, die eine Ähnlichkeit mit Stoppant aufweisen. Auf diese Weise stieß er auf einen gewissen Edmund Stoppani, der bei der 1. Staffel der Jagdgruppe Süd am 21. Januar 1944 als vermisst gemeldet worden war. Ortsangabe: Raum Marseille.[30] Eine Analyse der Luftkämpfe dieses Tages ergab, dass seine Einheit nördlich von Marseille über Land in einen Luftkampf verwickelt gewesen war. Einen Hinweis über einen möglichen Abschuss über Meer gab es dagegen nicht. Der Ort seines Verschwindens konnte also nicht weiter eingegrenzt werden und keine Information stellte eine Verbindung zu unserem Motor her.

Nun begann die Recherche zu dem zweiten Piloten, der mit seiner *Me 109-F4* als vermisst galt. Diese Spur war deutlicher und führte zu einem Piloten, der am 2. Dezember 1943 von seinem ersten Feindflug nicht zurückkehrte. Es handelte sich um die *Messerschmitt* des am 30. Juli 1922 in Burgsteinfurt geborenen Alexis Prinz zu Bentheim und Steinfurt.

Dieser Eintrag in Philippe Castellanos Liste konnte anhand der Verlustlisten des Freiburger Militärarchivs bestätigt werden.[31] Auch eines der wenigen erhaltenen Dokumente, ein Bericht des Jagdfliegerführers Süd, beschreibt den Einsatz der Staffel des Piloten.[32] An diesem Tag wurde der Hafen von Marseille von US-Bombern von See her angegriffen und bombardiert.[33] Die zur Abwehr gestarteten deutschen Jagdflieger erlitten hohe

Das Flugzeug Alexis zu Bentheims war bereits im Juni 1941 im Russlandfeldzug im Einsatz gewesen.

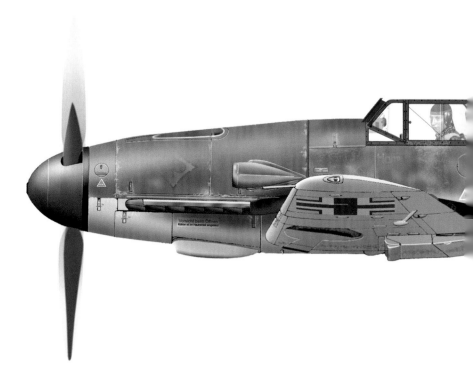

Verluste. Fünf Flugzeuge stürzten getroffen ab, mehrere wurden bei der Landung schwer beschädigt. Zwei Flugzeugführer, darunter Alexis zu Bentheim und Steinfurt, wurden seitdem vermisst. Wieder fand sich bei der Analyse der anderen Abstürze ein deutliches Indiz, das der gefundene Motor zum Flugzeug dieses Piloten gehören musste: Anhand der Unterlagen waren alle Flugzeuge nahe der Stadt abgestürzt, ein anderes Flugzeug nur 15 Kilometer vom Fundort entfernt an der Küste bei La Ciotat notgelandet. Mit größter Wahrscheinlichkeit gehörte der Motor also zu der *Messerschmitt* des Alexis zu Bentheim.[34] Der Zeitpunkt des Absturzes des Motors war nun ermittelt. Er lag fast sieben Monate vor dem Verschwinden von Antoine de Saint-Exupéry.

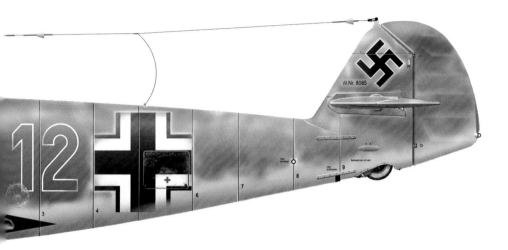

Zeichnung der modernisierten *Messerschmitt Bf 109-F4* von Alexis zu Bentheim als »Rote 12« im Dezember 1943

Selbst für den unwahrscheinlichen Fall, dass der Motor nicht zum Flugzeug des Alexis zu Bentheim und Steinfurt gehören sollte, war ein Zusammenhang mit dem Absturz Saint-Exupérys nahezu ausgeschlossen. Doch aus historischer Sicht ist die Rekonstruktion der Geschehnisse um ein Flugzeug irgendeines Jagdfliegers ebenso interessant wie die Aufklärung des Rätsels um einen prominenten Zeitgenossen.

Um möglichst viel über diesen deutschen Piloten und die Einheit, in der dieser stationiert gewesen war, zu erfahren, besorgte sich Lino von Gartzen aus dem Militärarchiv in Freiburg alle verfügbaren Akten über die Jagdgruppe Süd, die später in die Jagdgruppe 200 überführt worden war.

Ein technischer Defekt?

Eine weitere Möglichkeit, das Rätsel um das Verschwinden Antoine de Saint-Exupérys zu lösen, stellt die Überlegung dar, der Absturz könne auf einen technischen Defekt der Maschine zurückzuführen sein.

Das Fliegen in großen Höhen war im Jahr 1944 erst wenige Jahre jung. Ab einer Flughöhe von 3500 Metern ist der Mensch in der Regel auf künstliche Sauerstoffzufuhr angewiesen. Da die damaligen Maschinen nicht mit druckregulierten Kabinen, wie wir sie heute aus Verkehrsflugzeugen kennen, ausgestattet waren, musste der Pilot wie ein Taucher über eine Maske atmen, die an eine Flasche mit komprimiertem Sauerstoff angeschlossen war. In jenen Anfängen des Höhenflugs kam es jedoch häufiger vor, dass die Versorgungsschläuche, die zur Atemmaske des Piloten führten, vereisten. Da Sauerstoff ein geruchloses Gas ist, ist das Aussetzen der Sauerstoffzufuhr nur schwer zu bemerken.

Saint-Exupéry selbst beschreibt in *Flug nach Arras* mehrmals, wie die Sauerstoffversorgung in großer Höhe aussetzte.

> *… der Organismus spürt das Aussetzen des Sauerstoffs nicht. Es macht sich durch ein vages Wohlbefinden bemerkbar, das in einigen Sekunden zur Ohnmacht und in wenigen Minuten zum Tod führt. Die ständige Überprüfung der Sauerstoffzufuhr ist daher unbedingt erforderlich wie auch die Kontrolle des Befindens seiner Besatzung durch den Flugzeugführer. Ich quetsche also ruckweise die Zuleitung meiner Maske etwas, um auf meiner Nase die warmen, lebenspendenden Gasstöße zu spüren.*[35]

Im Jahr 1944 galt die von Antoine de Saint-Exupéry geflogene *P-38 Lightning* des Herstellers Lockheed als modernstes im Kriegseinsatz befindliches Flugzeug. Doch auch diese Maschine wies regelmäßig Mängel im

Sauerstoffsystem auf. So berichtet Saint-Exupérys Vorgesetzter Jean Leleu von einem Ausfall des Sauerstoffsystems am 29. Juni 1944.[36] Da Saint-Exupéry eine unbewaffnete Maschine flog, die für Aufklärungsflüge mit einem Kamera- statt mit einem Waffensystem ausgestattet war, konnte er feindlichen Flugzeugen nur dadurch entkommen, dass er in Höhen aufstieg, die von deutschen Jagdfliegern nicht erreicht werden konnten. Fiel die Sauerstoffzufuhr aus, war der Pilot einer zur Aufklärungsmaschine umgerüsteten *P-38 Lightning* ein mögliches Opfer für etwaige Angreifer, da er sich auf wenige tausend Meter Flughöhe hinabbegeben musste. Saint-Exupéry selbst schreibt von mehreren technischen Defekten, die seine Einsätze im Juni und Juli 1944 immer wieder verzögerten. Einmal ist es ein Motorschaden, der während des Fluges unbemerkt bleibt und glimpflich verläuft. Ein andermal ist die »Elektrik durcheinandergekommen, und alles ist durchgebrannt: Starter, Funk undsoweiter …«.[37] So ist es durchaus möglich, dass Saint-Exupéry auf seinem letzten Flug am 31. Juli 1944 mit einem technischen Defekt seiner *P-38 Lightning* zu kämpfen hatte. Es ist jedoch unwahrscheinlich, dass er nur aufgrund eines solchen Defekts abgestürzt ist. Dies können wir aus zwei Gründen behaupten: Zum einen war Saint-Exupéry ein ausgesprochen erfahrener Pilot, der auch mit defekten Maschinen immer wieder lange Strecken zurückgelegt hatte und sich zumindest außer Reichweite der deutschen Linien hätte retten können. Zum anderen lässt sich als einer der wenigen Anhaltspunkte für die Absturzursache an den Wrackteilen der *P-38* feststellen, dass sie mit sehr hoher Geschwindigkeit auf die Wasseroberfläche geprallt sein muss. Ein solcher, vermutlich senkrechter Aufprall macht einen technischen Defekt als einzige Ursache für den Absturz unwahrscheinlich. Denn ein senkrechtes Aufschlagen auf die Wasseroberfläche kommt meist dann vor, wenn ein Flugzeug in größerer Höhe abgeschossen wird und völlig unkontrolliert abstürzt. Bei einem Ausfall der Triebwerke etwa könnte ein Pilot versuchen zu wassern, wodurch die

Überlebenschance steigen und das Flugzeug in flachem Winkel auf die Oberfläche aufsetzen würde.

Da das Wrack von Saint-Exupérys *P-38 Lightning* bis auf wenige Teile vollkommen zerstört wurde, lässt sich bislang nicht feststellen, ob ein technischer Defekt vorlag, bevor die Maschine abstürzte. Wir können jedoch davon ausgehen, dass ein technischer Defekt zumindest nicht als alleinige Erklärung für den Tod des Schriftstellers geeignet scheint. Möglich ist allerdings, dass die Flugfähigkeit der *P-38* aufgrund eines technischen Defekts eingeschränkt war und sie somit ein leichtes Ziel für einen feindlichen Jagdflieger bot.

Deutsche Flieger in Südfrankreich

Im Schloss La Nerthe und seinen Nebengebäuden bei Avignon waren das Hauptquartier und die Nachrichtenzentrale der deutschen Jagdflieger für den südfranzösischen Raum untergebracht. Von hier aus wurden die Einsätze der Einheiten geplant und gesteuert. Der verantwortliche Offizier, Jagdfliegerführer Süd, war Major Friedrich Vollbracht. Ihm war die auf den südfranzösischen Flughäfen stationierte Jagdgruppe Süd unterstellt.[38] Dieser Gruppe standen etwa 60 zum Teil veraltete Flugzeuge zur Verfügung. Ihre Aufgabe bestand darin, die französischen Küstengebiete vor Angriffen alliierter Bomber auf Häfen, Gleisanlagen und Transportwege zu schützen. Ihr Einsatzgebiet reichte von der spanischen bis zur italienischen Grenze.

Zudem wurden bei der Jagdgruppe Süd Nachwuchsflugzeugführer der Luftwaffe auf ihre ersten Kampfeinsätze vorbereitet.[39] Mit dem Fortschreiten des Krieges und den steigenden Verlusten auf deutscher Seite entstand ein immer größerer Mangel an erfahrenen Fliegern. Dieser

Mangel führte dazu, dass die Ausbildung immer mehr verkürzt wurde und die Piloten immer früher in Kampfhandlungen eingebunden wurden.

Als die Invasion der Alliierten an der Atlantikküste Frankreichs begann, wurde die Jagdgruppe Süd im Juni 1944 aufgelöst. Besonders erfahrene Piloten und Ausbilder der vormaligen Jagdgruppe Süd und Piloten des Jagdgeschwaders 101 aus Pau wurden zur neu gegründeten Jagdgruppe 200 unter Führung des Jagdfliegerführers Süd zusammengefasst.[40] Diese Jagdgruppe sollte für vier Monate aufgestellt werden und hatte anfangs um die 45 Piloten und 50 Flugzeuge zur Verfügung. Doch bereits Ende Juli war die Zahl der Piloten auf 25 und die der Flugzeuge auf 15 zurückgegangen. Während einerseits Personal abgezogen wurde, sind die wenigen verbliebenen Piloten zusätzlich verstärkt für Aufklärungseinsätze und Partisanenbekämpfung eingesetzt worden.

Ausbilder in Südfrankreich im März 1944

Startvorbereitungen bei der Staffel Alexis zu Bentheims (2. Jagdgruppe Süd)

Erschwert wurden die Einsätze aber vor allem durch das Kräfteverhältnis der Flugzeuge von mehr als 1:20. Die Lufthoheit der Alliierten in diesem Gebiet in der Zeit vor der Invasion führte zu hohen Verlusten bei den deutschen Piloten. Dennoch flogen sie unter diesen Bedingungen bis zu vier Einsätze am Tag.

Natürlich existierten über die Aktivitäten der Jagdgruppen Süd und 200 zu jener Zeit umfangreiche schriftliche Materialien. Über Einsätze und Abschüsse der eigenen Piloten wurde genau Buch geführt. Auch die feindlichen Aktivitäten wurden möglichst genau festgehalten. Dabei handelte es sich um eine Notwendigkeit, die sowohl für die Beförderung einzelner Piloten wesentliches Kriterium als auch strategisch von höchster Bedeutung war. Auf welcher Grundlage hätten strategische Entscheidungen getroffen werden sollen, wenn vollkommen unklar gewesen wäre, wie erfolgreich – wie vernichtend also – die eigenen Aktionen sind?

Bei den Recherchen wurde deutlich, dass niedrige Dienststellen über sehr viel genauere und detailreichere Informationen verfügten als höhere Stellen, in deren Unterlagen nur kurze Zusammenfassungen, teilweise ohne Angabe von Uhrzeit oder Ort verblieben waren.

Besonders interessant waren daher die Kriegstagebücher der zuständigen Luftnachrichtentruppe, der Flughäfen und natürlich der Jagdgruppe Süd und der Jagdgruppe 200. In diesen Dokumenten ließen sich auch nicht bestätigte Abschüsse finden. Denn Abschüsse mussten nicht nur gemeldet, sondern auch bestätigt werden. Eine solche Bestätigung stellte die Voraussetzung dafür dar, dass ein Abschuss in das Abschussregister eines Piloten aufgenommen werden konnte. Diese Regelung bedeutete, dass ein Pilot, der einen Einsatz nicht im Verband mit anderen flog, wenige Möglichkeiten hatte, einen etwaigen Abschuss nachzuweisen. Es sei denn, es konnten in den Folgetagen Augenzeugen am Boden zu dem Luftgefecht befragt oder das Wrack der abgeschossenen Maschine aufgrund der Aussagen des Schützen gefunden werden. Zwischen der Meldung eines Abschusses und der offiziellen Bestätigung aus Berlin konnten deshalb mehr als sechs Monate liegen.[41]

Doch kannte auch die Sammelwut der Deutschen Grenzen. Dann etwa, wenn sich deutsche Truppen auf dem Rückzug befanden und bei denen, die sich zurückzogen, die Ahnung aufkeimte, sie würden vielleicht doch keinem Tausendjährigen Reich dienen, sondern in Kürze überrannt und restlos besiegt werden. Nach Beginn der Invasion am 15. August 1944 vernichteten viele direkt an der Küste stationierten Einheiten vor Ort sensible Dokumente, denn zunächst galt der Befehl zur Abwehr der Invasion.

Am 17. August wurden Straßensperren im Hinterland errichtet und alle nach Norden fahrenden Fahrzeuge kontrolliert. Sie wurden entladen und konfisziert, wenn ihr Transporteinsatz nicht unbedingt notwendig war. Denn die Fahrzeuge wurden benötigt, um Verstärkung in das Invasionsgebiet zu schaffen. Die deutschen Truppen waren schlecht ausgerüstet und zum Teil mit Freiwilligenverbänden, den sogenannten Ostbataillonen, verstärkt worden. Als die Wehrmacht erkannte, dass die Landung aufgrund der geringen eigenen Kräfte nicht abzuwehren war, begannen die Vorbereitungen zum Rückzug, um nicht eingekesselt zu werden.

Am 18. August wurden die ersten deutschen Truppen abgezogen, um weiter nördlich neue Verteidigungslinien aufzubauen. Der erlaubte Materialtransport wurde auf Treibstoff, Waffen, Munition und Verpflegung eingeschränkt.

Die Tagesmeldungen der 19. Armee nennen den 20. August 1944 für den definitiven Rückzugsbefehl der deutschen Truppen und Dienststellen.[42] Zeitgleich wurden aufgrund eines sinnlosen Führerbefehls Marseille mit 12 000 Soldaten und Toulon mit 18 000 Soldaten zur Festung erklärt, diese Städte sollten bis zum letzten Mann verteidigt werden. Ein Zeitzeuge berichtet von einem für ihn grotesken Erlebnis kurz vor der Eroberung Toulons: Alliierte Flugzeuge bombardierten den Hafen, während deutsche Soldaten gleichzeitig versuchten, ihrerseits die Hafenanlagen zu sprengen.[43]

Am 20. August begannen auch der Jagdfliegerführer Süd und die Luftnachrichtenabteilung ihren Posten bei Avignon zu räumen, das Gerät wurde zerstört oder größtenteils zurückgelassen.

Durch das Rhônetal versuchten jedoch nicht nur das Bodenpersonal der Luftwaffe, sondern auch die Soldaten der Wehrmacht und alle anderen, während der Okkupation Südfrankreichs von der spanischen bis zur italienischen Grenze eingesetzten Kräfte wie Reichsarbeitsdienst (RAD) und Verwaltungsangestellte zu fliehen. Die überfüllte Straße wurde deshalb nicht nur regelmäßig von Tieffliegern beschossen, auch die seit der Invasion gestärkte Résistance, Kräfte der *Forces Françaises de l'Intérieur* (FFI) und alliierte Kommandotrupps fügten den deutschen Verbänden hohe Verluste zu. Die Straßen waren ohnehin überlastet und mit zerschossenen Fahrzeugen blockiert. Am 20. August erfolgten die ersten Angriffe auf Orte nördlich von Marseille und bereits am 22. August wurde der Fluchtweg bei Montellimar erstmals komplett versperrt. Zwar konnte Montellimar in den folgenden Tagen immer wieder kurzfristig freigekämpft werden, doch lag die Straße weiterhin durchgehend unter feind-

Eine *Messerschmitt Bf 109 G-6* in Orange/ Südfrankreich, März 1944

Wehrpass von Hubert Kroeck mit Eintrag Jagdgruppe 200

lichem Feuer. Zeugen berichten, dass sie deshalb alles an Gerät und Fahrzeugen zurückgelassen haben, um sich zu Fuß in kleinen Gruppen nach Norden durchzuschlagen.

Stark dezimiert wurde auch die Jagdgruppe 200 ab Mitte August immer weiter nach Norden verlegt. Im September wurde die Gruppe dann in Deutschland aufgelöst, die verbleibenden Piloten wurden auf andere Geschwader verteilt.[44]

Die wenigen Dokumente, die Deutschland vielleicht erreicht haben, wurden in dem dafür vorgesehenen Luftarchiv in Berlin eingelagert. Einige Aktenbestände wurden dort später wieder ausgelagert und nach Karlsbad und Herwegen gebracht. Die in Berlin verbliebenen Akten verbrannten im Februar 1945 nach einem Bombenangriff, die anderen Bestände wurden gegen Ende des Krieges nach Lenggries in Bayern gebracht. Im Tiroler Ort Hinterriß wurden dann im Mai 1945 auf Befehl des Luftwaffenführungsstabes etwa 60 Tonnen an Dokumenten verbrannt. Ein Teil der Akten war beim Transport durch Bayern in Heldburg zurückgeblieben. Diese Bestände entgingen der Vernichtung und fielen in die Hände der Engländer. Ab Ende der 1950er-Jahre wurden sie teilweise an Deutschland zurückgegeben.[45]

Diese Dokumente und andere, die damals nicht ans Luftarchiv abgegeben worden waren, bilden den größten Teil des übersichtlichen Luftwaffenbestandes im Militärarchiv Freiburg.

Darunter findet sich auch ein sehr interessantes Dokument einer Luftwaffendienststelle in München: Penibel dokumentiert ist hier die Vernichtung von Unterlagenmaterial Mitte April 1945. Auf jeder Seite steht der Vermerk: »Dokumente auf Vollständigkeit geprüft und durch Feuer vernichtet.« Anhand dieser Unterlagen hochgerechnet wurden allein in München etwa 300 000 Seiten verbrannt.[46]

Für die Forschung nach exakten Daten über Abschüsse, Angriffe und Flüge bedeutet dieser Umstand, dass auf die Befragung von Zeitzeugen zurückgegriffen werden muss, sofern keine schriftlichen Unterlagen zu den Vorgängen mehr aufzufinden sind.

Zeitzeugenaussagen sind zwar zuweilen erstaunlich detailliert, jedoch bedeutet Detailreichtum in der Erzählung nicht immer, dass die Geschehnisse sich auch in der geschilderten Weise abgespielt haben. Vielmehr reichern sich über die Jahrzehnte – ohne dass dies vom jeweiligen Zeitzeugen beabsichtigt oder überhaupt bemerkt wird – Erinnerungen zum Teil um Einzelheiten an, die in dieser Weise niemals stattgefunden haben. So sind diejenigen, die etwas über die Geschichte eines Flugzeugs herausfinden wollen, auf die Bestätigung einzelner Aussagen von mehreren Seiten angewiesen. Die Schnittmenge der Aussagen bietet schließlich das

Material, das als gültig bestehen bleiben kann. Eine solche Kreuzvalidierung setzt die Existenz mehrerer Zeitzeugen voraus.

Lino von Gartzen beschloss, sich auf die Suche nach überlebenden Piloten der Jagdgruppen Süd und 200 zu machen und auf diese Weise so viel wie möglich über den Absturz des Alexis zu Bentheim und Steinfurt herauszufinden. Zunächst jedoch wollte er die Familie kontaktieren.

Er rief im Büro der Familie, der *Fürstlich zu Bentheim-Tecklenburgischen Kanzlei* in Steinfurt an und hinterließ im Sekretariat die Nachricht, er habe möglicherweise Informationen über den seit 1943 verschollenen Alexis zu Bentheim, die er gerne dessen Bruder, Christian Fürst zu Bentheim und Steinfurt, mitteilen wollte. Als Lino nach zwei Wochen von einer Forschungsreise zurückkehrte, fand er eine Nachricht auf dem Anrufbeantworter mit der Bitte um Rückruf. Man wäre sehr an jeglicher Information über den Verbleib des seit über 60 Jahren verschollenen Bruders interessiert. Ein Treffen wurde vereinbart.

Die Bentheims

Die Geschichte der Burg Bentheim lässt sich bis um das Jahr 1050 zurückverfolgen. Es ist eine eindrucksvolle Geschichte von Erbschaft, europäischer Politik, strategischer Heirat und all den unwahrscheinlichen Umständen, die es einer Familie ermöglichen können, ihre Herkunft über beinahe ein Jahrtausend zurückverfolgen zu können. Die Linie, aus der Christian Fürst zu Bentheim und Steinfurt und sein älterer Bruder Alexis hervorgehen, wurde im Jahr 1454 von Arnold I. von Bentheim-Steinfurt begründet. Über 500 Jahre Geschichte dieser Linie sprengen den Rahmen unserer Erzählung deutlich. Deshalb das Wesentliche in Kürze.

Das Familienanwesen, die Burg Bentheim, ist das Wahrzeichen der Klein-
stadt Bad Bentheim im westfälischen Grenzland zu den Niederlanden.
Die Bentheims verfügen über weiträumige Ländereien im Raum von Bad
Bentheim und um die nahe gelegene frühere Grafschaft Steinfurt. Sie betreiben seit dem 20. Jahrhundert vor allem Forstwirtschaft auf den Ländereien, deren Lehnsherren die Bentheim-Steinfurts seit Jahrhunderten
sind.

Die Bentheim-Steinfurts sind stolz auf ihre Geschichte, die auf zahlreiche verwandtschaftliche Verbindungen insbesondere zum niederländi-
schen Königshaus blicken kann. So war etwa die Frau des Alexis zu
Bentheim (1844–1919), des Großvaters von Christian und Alexis, die
Schwester der Königin Emma der Niederlande. Aber auch zu anderen
europäischen Monarchien, wie dem englischen, dänischen, schwedi-
schen, rumänischen und luxemburgischen Königshaus, weist die Familie enge Beziehungen auf.

Schloss Steinfurt

125

Christian Fürst zu
Bentheim und Steinfurt
und Lino von Gartzen

Zwar können wir die Bedeutung des fürstlichen und königlichen Glanzes der Epoche vor dem Ersten Weltkrieg im Vergleich zu der danach folgenden Zeit nicht mehr ermessen, doch handelte es sich im Gegensatz zu den Saint-Exupérys zu Beginn des 20. Jahrhunderts bei den Bentheim-Steinfurts keinesfalls um ein verarmtes Adelsgeschlecht.

In der Familienchronik wird erzählt, dass der heutige Familiensitz, die mittelalterliche Burg Bentheim, seit dem Dreißigjährigen Krieg zuweilen als Verwaltungszentrum, Gerichtsort und Gefängnis diente, im Siebenjährigen Krieg mehrfach belagert und eingenommen wurde, im Krieg gegen die französische Revolutionsarmee als Lazarett genutzt und schließlich in Brand geschossen wurde. Im Jahr 1804 fiel die Burg wieder an die Grafen zu Bentheim, die sich ab 1817 Fürsten zu Bentheim und Steinfurt nennen durften. Der 1848 begonnene Wiederaufbau der

Burg Bentheim wurde durch den Ausbruch des Ersten Weltkrieges unterbrochen, sodass einige Bereiche der großräumigen Burganlage, die zum Teil auch öffentlich zugänglich ist, bis heute unrenoviert blieben. Neben der Forstwirtschaft liegt das Bemühen der Familie darin, die Burg als Baudenkmal und als »Identifikationsort des Deutsch-Niederländischen Grenzlandes zu erhalten«, wie es in der Chronik heißt.

»Alle glücklichen Familien gleichen einander, jede unglückliche Familie ist auf ihre eigene Weise unglücklich«, stellt Tolstoi seinem Roman *Anna Karenina* voran. Dieser Gedanke mag psychologisch, soziologisch oder dramaturgisch zu verstehen sein. Die Dramaturgie des Unglücks führt uns auf jeden Fall zu unserer Geschichte, die vom Verlust eines Sohnes und Bruders handelt, des Alexis zu Bentheim und Steinfurt, der am 30. Juli 1922 geboren wurde und seit dem 2. Dezember 1943 als vermisst galt.

War es Selbstmord?

Seit seinem Verschwinden wurde immer wieder auch die Vermutung geäußert, Antoine de Saint-Exupéry könnte sich selbst das Leben genommen haben. Gestützt wird diese Annahme von einigen Äußerungen Saint-Exupérys in Briefen und in Gesprächen mit Freunden.

Am Tag seines Verschwindens ließ Antoine de Saint-Exupéry zwei Briefe auf seinem Tisch liegen. In ihnen finden sich die folgenden Sätze:

Sollte ich abgeschossen werden, werde ich rein gar nichts bedauern. Vor dem künftigen Termitenhaufen graut mir. Und ich hasse ihre Robotertugend. Ich war dazu geschaffen, Gärtner zu sein.
Ich umarme Sie.[47]

127

*Viermal wäre es fast aus mit mir gewesen. Das ist mir so schwindel-
erregend gleichgültig.*[48]

Saint-Exupéry hatte sich seit Langem darauf vorbereitet, bei einem seiner Einsätze den Tod finden zu können. Waren seine Flüge von Beginn
an lebensgefährlich gewesen, so schien es ihm nun wahrscheinlich, den
Krieg nicht mehr zu überleben, was er auch Freunden gegenüber an-
deutete. »Und wenn ich sterbe, das versichere ich dir, werde ich nichts
bedauern müssen«, hatte er 1942 gegenüber einem Freund, dem Journalisten Jean-Gérard Fleury geäußert, als er sich in New York von ihm
verabschiedete.[49]

Doch kann man deshalb annehmen, der Autor habe sich am 31. Juli
1944 das Leben genommen? Gewiss sprechen die Äußerungen Saint-
Exupérys die Sprache eines Kriegsverdrossenen. Es sind Äußerungen
eines enttäuschten Idealisten, der das große Ganze wichtiger nimmt als
die eigenen Geschicke. Allerdings hatte der Schriftsteller noch immer
das Ziel eines befreiten Frankreichs vor Augen. Im Kampf um dieses
Ziel war er bereit, sein Leben zu opfern. In der psychologischen Suizid-
forschung gilt es als unwahrscheinlich, dass sich ein Mensch das Leben
nimmt, wenn er zugleich ein Ziel verfolgt, das ideell stark besetzt ist.
Wohlgemerkt schreibt Saint-Exupéry nicht, dass ihm der Ausgang des
Krieges inzwischen gleichgültig geworden sei oder er seine Einsätze als
sinnlos empfunden habe. Er hatte es vielmehr gegen den Widerstand
seiner Vorgesetzten durchgesetzt, zur Befreiung Frankreichs auf seine
Weise beitragen zu können. Ein Mensch, der sich so stark an sein Ziel
bindet, weiß, dass er für die Seinen wertlos wird, wenn er sich das Leben
nimmt.

Ein weiteres Indiz, das gegen die Selbstmordtheorie spricht, ist die Mit-
teilsamkeit Saint-Exupérys. Wäre es nicht anzunehmen, dass jemand,
der sich so ausführlich in Wort und Schrift über seine Motive und Hand-

lungen äußert, wie Saint-Exupéry dies getan hat, einen eindeutigen Abschiedsbrief hinterlassen hätte, wenn er vorgehabt hätte, sich das Leben zu nehmen?

Da weder ein Abschiedsbrief noch eine Zeugenaussage existieren, die einen konkreten Hinweis auf einen Selbstmordversuch geben könnten, gibt es keinen Beweis, der die Behauptung, Saint-Exupéry habe sich in einer Kurzschlusshandlung umgebracht, stützen könnte. Nicht ausschließen können wir hingegen eine gewisse Schicksalsergebenheit Saint-Exupérys für den Fall eines Abschusses. Dieses Akzeptieren eines etwaigen Abschusses geht aus den Aufzeichnungen klar hervor. Die Selbstmordtheorie lässt sich jedoch weder verifizieren noch falsifizieren.

Sie stellt somit eine spekulative Behauptung oder Mutmaßung mit sehr geringfügigen Anhaltspunkten für ihre Richtigkeit dar.

Der Fund im Familienarchiv

Im Bentheimschen Jagdhaus im schwäbischen Ort Buschhof hörte Christian zu Bentheim mit großem Interesse, was Lino von Gartzen über seine Forschungen in Marseille, über den Motor am Fundort des Wracks Antoine de Saint-Exupérys und dessen Bergung und in den Archiven zu berichten hatte. Dann erzählte der 83-Jährige vom Verlust seines ein Jahr älteren Bruders Alexis und von der Suche nach ihm.

Schon früh in diesen ersten Jahrzehnten der Luftfahrtgeschichte hatten sich die beiden Brüder für die Fliegerei begeistert. Inspiriert wurden sie von dem deutschen Fliegeridol Manfred Baron von Richthofen, der als tollkühner Flieger galt und insbesondere auch durch den Mythos um sein angeblich faires und geradezu sportliches Verhalten im Ersten Weltkrieg Berühmtheit erlangt hatte.

Der 1923 geborene Christian zu Bentheim hatte schon mit 13 Jahren den Entschluss gefasst, einmal Fliegeroffizier zu werden. Anlass für diese Begeisterung war neben dem genannten Vorbild die Vorstellung, einmal eine *Messerschmitt Me 109* fliegen zu können. Christians älterer Bruder Alexis teilte diese Vision eines Lebens als Jagdflieger nicht im selben Maße, hatte er doch als künftiges Familienoberhaupt in absehbarer Zeit andere Aufgaben zu übernehmen. Doch dann kam der Krieg.

Alexis beginnt Mitte 1942 seine Ausbildung zum Jagdflieger, Christian einige Monate später. Nach seiner Pilotenausbildung im November wird Alexis im Herbst 1943 nach Südfrankreich versetzt.

Am 2. Dezember 1943 starten beide Brüder über 1000 Kilometer entfernt voneinander, Christian zu seinem ersten Alleinflug und Alexis zu seinem ersten Feindflug. Es wird zugleich sein letzter sein, wie wir aus seinem Flugbuch wissen.[50]

Im Mai 1944 absolviert Christian wie sein älterer Bruder die kurze Ausbildung in Halberstadt und später in Roth bei Nürnberg, bevor er an seinen Einsatzort versetzt wird. Die Brille, die Christian bis zu diesem Zeitpunkt trägt, hat er sich abgewöhnt, um nicht nur dem Bodenpersonal anzugehören, sondern Pilot werden zu können.

Die Militärlaufbahn Christian zu Bentheims ist von der bereits im Zerfall befindlichen Luftwaffe geprägt. Noch während seiner Ausbildungszeit überlebt er einen Bombenangriff nur knapp und wird ins Lazarett eingeliefert. Nach seiner Ausbildung zum Jagdflieger fliegt er einige Einsätze bei der Jagdgruppe 1 im oberbayerischen Erding. Einmal fehlt für sechs Wochen der Treibstoff, um weitere Einsätze zu fliegen. Als er zwei Tiefflüge gegen US-Bodentruppen fliegt, sind keine Ziele zu finden. Bei der anschließenden Bombardierung des Flugplatzes werden fast alle deutschen Maschinen zerstört und Christian zu Bentheim in einem Splitterschutzgraben verschüttet. Sein letzter Flug dient der Überführung einer der verbliebenen zwei Maschinen nach Bad Aibling.

In den ersten Jahren nach 1945 hegt Christian noch die Hoffnung, sein Bruder Alexis könnte den Krieg vielleicht doch überlebt haben. Er vermutet, Alexis sei vielleicht mit einem U-Boot in die USA gebracht worden. Erst im Jahr 1950 wird Alexis zu Bentheim und Steinfurt offiziell für tot erklärt. Die Eltern geben die Hoffnung erst auf, als Christian im selben Jahr Alice Freiin von Richthofen heiratet. Christian zu Bentheim wird im Jahr seiner Heirat offizielles Oberhaupt der Familie Bentheim. 1954 begann Christian zu Bentheim wieder privat zu fliegen. Er erwarb einen zivilen Flugschein in Holland und flog lange Zeit eine *Piper F4*. Da er den Autor von *Wind, Sand und Sterne* seit der ersten Lektüre dieses Buches verehrte, gab er seinem letzten Flugzeug den Namen *Antoine de Saint-Exupéry*.

Das Flugbuch von Alexis zu Bentheim und Steinfurt

26

Lfd. Nr. des Fluges	Führer	Begleiter	Muster	Zulassungs-Nr.	Zweck des Fluges	Ort
501	zuBenßheim		F:156	SI+FV	Platzflug	Avignon
502	zuBenßheim		-ʼ-	-ʼ-	-ʼ-	-ʼ-
503	zuBenßheim		-ʼ-	-ʼ-	-ʼ-	-ʼ-
504	zuBenßheim		-ʼ-	-ʼ-	Kurier	-ʼ-
505	zuBenßheim		-ʼ-	-ʼ-	-ʼ-	Orange
506	zuBenßheim		Bf.109F	19	Schwarm	Avignon-
507	zuBenßheim		-ʼ-	(12)	Alarmstart – Feindflug	-ʼ-

Die Suche nach seinem Bruder nahm er im Jahr 1964 wieder auf. Er kontaktierte Jagdfliegerverbände und schaltete eine Anzeige im *Jägerblatt*.[51] Auch versuchte er Kontakte zu ehemaligen Kameraden seines älteren Bruders zu knüpfen. Doch die Suche nach Alexis blieb ohne Erfolg. Der einzige konkrete Anhaltspunkt für das Geschehen war der Augenzeugenbericht eines Militärgeistlichen, der am fraglichen Tag einen Luftkampf über Marseille beobachtet hatte.

Flug							Bemerkungen
		Landung			Flug-dauer	Kilometer	
Tageszeit	Ort		Tag	Tageszeit			
³3	9¹⁷	Avignon - Ost	30.Ⅰ.43	9²³	5'		Die Richtigkeit der Flüge
	9²²	- r -	- - -	9²⁶	6'		von lfd. Nr. 484 bis 507
	9²⁸	- i -	- -	9³²	4'		geprüft Bohumburg u. Oberst
	9³³	Orange	- i -	9⁵⁷	25'		bescheinigt:
	11⁵⁰	Avignon · Ost	- ·· -	12⁰⁵	15		Im Felde, den 8.Ⅳ. 1943
3.	8¹⁰	- ·l -	1.Ⅱ.43	8⁴³	33		
3.	12¹⁵						Vom Feindflug nicht zurückgekehrt.

Die Seite des Flug-
buches, auf dem
Bentheims letzter
Flug verzeichnet ist

Die Geschichte des Verschwindens und Wiederauftauchens dieses Flugbuches bietet einen Einblick, wie mit unzähligen Unterlagen nach dem
Krieg umgegangen wurde. Deutschland war besetzt und die Ressourcen
für den Wiederaufbau knapp. Auch Papier war ein begehrter Rohstoff
geworden. Um Papier für Druckerzeugnisse zu erhalten, musste man Alt-
papier abgeben. Auf der Suche nach diesem Tauschgut fand die Besitze-
rin einer Druckerei das Flugbuch unter anderen Dokumenten der

Alexis zu Bentheim und Steinfurt im Cockpit seiner Maschine

Schreibstube der Jagdgruppe Süd in einer verlassenen Luftwaffenschule in Detmold. Alle dort befindlichen Dokumente wurden recycelt. Abschuss- und Verlustlisten wurden zu neu bedruckbarem Papier verarbeitet. Das Flugbuch mit der goldenen Aufschrift »Prinz zu Bentheim« jedoch wurde auf die Seite gelegt und an einen befreundeten Segelflieger verschenkt. 40 Jahre später gelangte es wieder in den Besitz der Familie Bentheim. Seitdem lagert es im Familienarchiv, einem Komplex aus mehreren Bibliotheken und Lagerräumen mit Dokumenten aus vielen Jahrhunderten europäischer Adelsgeschichte auf Schloss Steinfurt.[52]

Im Laufe der Gespräche mit Christian zu Bentheim wurde Lino klar, welche Bedeutung die Aufklärung des Verschwindens seines älteren Bruders für den Zweitgeborenen Christian hatte.

Alexis Prinz zu Bentheim sollte als erstgeborener Sohn das künftige Familienoberhaupt des traditionsreichen Hauses Bentheim-Steinfurt sein. Nach seinem Bruder Christian wurden noch die Zwillinge Adolf und Viktor geboren. Die ererbte Lebensaufgabe, als Erstgeborener das Familienoberhaupt zu sein, prägt den Verlauf der eigenen Biografie entschei-

Alexis Prinz zu Bent-
heim und Steinfurt

dend und lässt nur wenig Raum dafür, sich persönlichen Neigungen in einer Weise hinzugeben, welche die Hauptaufgabe – nämlich das Fortschreiben der Familiengeschichte und die Übernahme der mit der Führung der Liegenschaften verbundenen Pflichten – vergessen lassen könnte.

Der Verlust des Erstgeborenen ist für eine Familie, in der die ungebrochene Geschichte von großer Bedeutung ist, mehr als eine persönliche Katastrophe, die ein solcher Verlust für jede Familie darstellt. Der Zweitgeborene rückt in Erb- und Verantwortungsfolge nach und ist nun seinerseits verpflichtet, die Geschicke des Hauses zu leiten. Hatte sich Christian zu Bentheim und Steinfurt in den ersten gut 20 Jahren seines Lebens noch im Windschatten seines zwei Jahre älteren Bruders gewähnt, in dem sich sehr viel leichter sehr viel größere Gestaltungsmöglichkeiten für das eigene Leben hätten finden lassen, musste er nach dem Krieg seine Zukunft auf ein weitgehend vorgegebenes Gleis setzen und all die wirtschaftlichen und repräsentativen Aufgaben des Familienvorstandes erfüllen. Es mag Schlimmeres geben, als Herr über Burgen und Ländereien zu sein und auf königliche Empfänge eingeladen zu werden. Doch fällt es sicher nicht leicht, diese Aufgabe als Folge des Verlusts des Bruders zu übernehmen – noch dazu ohne genaue Kenntnis über dessen Verbleib. Denn solange keinerlei Überreste – sei es nun ein Flugzeugwrack oder die Gebeine des Vermissten – gefunden werden, können sich die Hinterbliebenen nur schwer von einem Verstorbenen verabschieden. Und auch wenn es irrational erscheint – immer bleibt auch ein Zweifel und eine Hoffnung, ob der Vermisste nicht vielleicht doch noch am Leben sein könnte.

Als Christian zu Bentheim nun erfuhr, dass der Absturzort seines Bruders nach über 60 Jahren vermutlich identifiziert worden war, holte ihn die Zeit wieder ein.

Das Projekt, das am Absturzort Antoine de Saint-Exupérys begonnen hatte, schien sich dem Ende zu nähern. Lino von Gartzen ging zu diesem Zeitpunkt davon aus, dass er noch einige Telefonate mit überlebenden Piloten der Jagdgruppen Süd und 200 und die Recherchen dann zu einem runden und befriedigenden Ende führen würde.

Die Geschichte des Robert Heichele

Die am weitesten verbreitete und auch hartnäckigste Theorie im Zusammenhang mit dem Verschwinden Antoine de Saint-Exupérys stellt die Vermutung dar, ein deutscher Oberfähnrich namens Robert Heichele sei für seinen Abschuss verantwortlich.

Der Landser ist eine Zeitschrift, in der seit 1957 authentische Erzählungen aus dem Zweiten Weltkrieg veröffentlicht werden. *Der Landser* mutet wie ein Heftroman an: Das Papier ist dünn, die Ästhetik martialisch, die einfachen Geschichten sind aus der Sicht des gemeinen Soldaten ge-

Ausgabe des *Landser*, in der die Geschichte des Robert Heichele erschien

schrieben. *Der Landser* wendet sich an einen Leserkreis, der an Militaria und Militärhistorie interessiert ist. Nach eigenem Bekunden bemüht sich der *Landser* um historische Korrektheit. Doch auch historische Fakten können je nach Art der Schilderung sehr unterschiedlich eingefärbt sein. Immer wieder erscheinen im *Landser* auch Berichte, die nicht in eine erzählende Form gebracht, sondern nüchtern geschildert sind. So wurde in der Ausgabe 725 von 1972 mit dem Titel *Die zweite Invasion* der Gefechtsbericht des deutschen Piloten Robert Heichele publiziert. Dieser schildert in einem Brief an einen befreundeten Jagdflieger am 1. August 1944 den Abschuss einer *P-38* am 31. Juli 1944:

Gestern habe ich – ohne schriftlichen Befähigungsnachweis für Jagd-flieger (!) – im Luftkampf eine Lightning abgeschossen. Und das ohne Treffer in der eigenen Mühle.[53]

Der im *Landser* abgedruckte Gefechtsbericht von Robert Heichele lautet folgendermaßen:

Am 31. 7. 1944 startete ich mit dem Unteroffizier Högel um 11.02 Uhr mit dem Auftrag, die Lufttätigkeit feindlicher Verbände zwischen Marseille, Menton und dem Hinterland zu erkunden. Wir führten den Auftrag befehlsgemäß aus und stießen, als wir in einer Schleife über Castellane zum Rückflug ansetzten, auf eine Lightning P-38. Es handelte sich wahrscheinlich um einen einzeln fliegenden Aufklärer des Gegners. Da der Gegner etwa tausend Meter höher flog, sahen wir keine Möglichkeit, denselben zu stellen. Zu meiner Überraschung drehte der Gegner auf uns ein und griff aus Überhöhung mit Fahrtüberschuss an.

Wir blockten durch eine Steigspirale den ersten Angriff des Gegners ab und pendelten dann mit Notleistungsschub den Vorteil der Lightning aus.

Im Verlauf des sich entwickelnden Luftkampfes kam ich hinter der Lightning in Schußposition, die Entfernung betrug zwischen 150 und 200 Meter. Ich schoß, aber die Garbe strich hinter der P-38 durch. Im Verlauf der anschließenden Kurbelei kam ich wieder in Schußposition. Die Distanz betrug etwa 300 Meter. Die Geschoßgarbe lag dicht vor dem Feindflugzeug. Um vermutlich den Geschoßgarben auszuweichen, ging der Pilot in Geradeausflug über und drückte nach unten weg.

Ich setzte nach, näherte mich auf 60 bis 40 Meter und schoß mit meinen Bordwaffen. Daraufhin beobachtete ich, wie die Lightning mit weißer Fahne wegstürzte. Ich folgte mit Abstand. Die P-38 fing in Höhe der Küste ab und flog im Tiefflug aufs offene Meer hinaus. Ich verfolgte die Lightning. Plötzlich schlugen aus dem rechten Motor Flammen. Die rechte Tragfläche neigte sich, pflügte das Meer. Das

Flugzeug überschlug sich mehrfach und versank im Meer. Der Absturz
erfolgte um 12.05 Uhr etwa zehn Kilometer südlich von St. Raphaël im
Planquadrat AT.
Wir kehrten ohne weitere Feindberührung zurück.[54]

Auf den ersten Blick wirken die Angaben glaubhaft. Robert Heichele war
in Cuers in Südfrankreich bei der Nahaufklärungsgruppe 13 als Pilot eingesetzt gewesen. Diese Einheit hatte unter anderem die Aufgabe, Aufklärungseinsätze über Korsika zu fliegen. In den Archiven fanden sich zwar
keine Unterlagen, die seine Angaben bestätigen konnten, doch die de-
tailreiche Schilderung und seine Angaben über genauen Absturzort und
-zeit klangen überzeugend.

Die Annahme, dass Saint-Exupéry abgeschossen wurde, war bereits
durch den Brief von Hermann Korth gestützt worden. Nun gab es auch
noch einen Absturzort, damit verbunden die Möglichkeit einer Klärung
des Rätsels. Dass das Planquadrat AT eigentlich südöstlich von Genua
liegt, schien dabei nicht zu stören.

Saint-Raphaël zumindest lag genau auf der von allen vermuteten Flugroute von Saint-Exupéry und auch die Uhrzeit schien realistisch. Basie-
rend auf diesen Angaben wurde in den Jahren nach der Veröffentlichung
im *Landser* über und unter Wasser mit großem Aufwand nach den Über-
resten der Maschine Saint-Exupérys recherchiert und gesucht. Doch
weder konnten ein Wrack identifiziert noch Unterlagen gefunden werden, die die Version Heicheles bestätigen konnten. Mit den Jahren wurden daher die Ereignisse immer mehr angezweifelt, seltsamerweise vor
allem wegen der folgenden Angabe, die sich an einer anderen als der oben
zitierten Stelle des Textes findet:

Ich fliege zur Zeit einen wunderbaren Vogel, die FW 190 D-9.[55]

139

Dieses Modell der *FW 190* war die bekannte *Langnase*. Sie war mit einem Jumo-213-Motor ausgestattet und somit eines der wenigen deutschen Jagdflugzeuge dieser Zeit, das der *P-38* in großen Höhen im Bereich Geschwindigkeit gewachsen war. Das einzige Problem hierbei: Die *Langnase* wurde erst im späten Herbst 1944 in Deutschland an die Jagdfliegerverbände ausgeliefert. Selbst wenn man diesen Punkt stehen lässt oder eine Verwechslung unterstellt, gibt es die Aussage über einen Luftkampf, der sich entwickelt habe.

Die Aufklärerversion der *P-38*, die Saint-Exupéry flog, war jedoch unbewaffnet. Einzig die Selbstmordtheorie könnte die Schilderung eines Luftkampfes erklären. Doch widerspricht die Annahme, Saint-Exupéry habe sich in selbstmörderischer Absicht auf seinen Gegner gestürzt, dem weiteren Verlauf des Gefechts, in dem der Pilot der *P-38* abgedreht und zu fliehen versucht haben soll.

Nahezu alle wichtigen Angaben wie Flugzeugtyp und Luftkampf erscheinen somit zweifelhaft. Abgesehen von diesen fraglichen Informationen verbleibt noch ein Faktum, das eindeutig besagt, dass die Geschichte des Robert Heichele nichts mit dem Verschwinden Saint-Exupérys zu tun haben kann: Der Ort des Abschusses ist seit dem Fund des tatsächlichen Wracks Saint-Exupérys eindeutig belegt. Der von Heichele angegebene Abschussort Saint-Raphaël liegt etwa 130 Kilometer von der Absturzstelle Saint-Exupérys entfernt. Das Planquadrat AT befand sich sogar in einer Entfernung von 300 Kilometern.

Es stellt sich noch die Frage, wo die Geschichte Heicheles ihren Ursprung hat. Die Antwort darauf enthält ein Dokument aus den Archiven Philippe Castellanos: Der ursprüngliche Empfänger des Briefes von Robert Heichele war ein gewisser Wilhelm Manz, ein damals in Nordfrankreich stationierter Jagdflieger. Dieser schrieb in einem Brief vom März 1992: »Es gibt keinerlei Dokumente mehr. Besagter Brief ging bei einem Umzug mit anderen Unterlagen aus der Kriegszeit von mir selbst als Aussortiertes verloren.« Und seine Ansicht zu dem Heichele-Bericht: »Brief und Gefechtsbericht sind vermutlich eine literarische Kombination, die einen Hintergrund spiegeln mochten, ohne Gewissheit und dokumentarisch verwertbare Absichten.«[56]

Brief und Gefechtsbericht sind also nicht (mehr) existent und die mehr als fragwürdigen Angaben können somit weder belegt noch überprüft werden.

Robert Heichele selbst hat den Krieg nicht überlebt. Georg Pemler, ein zur selben Zeit bei der Nahaufklärungsgruppe 13 eingesetzter Pilot und Freund Robert Heicheles, hatte ebenfalls über das Verschwinden Saint-Exupérys geforscht und seine Ergebnisse in einem Buch und mehreren Berichten veröffentlicht. Auch er zweifelt die Glaubwürdigkeit der Angaben aus den oben genannten Gründen an und bestreitet zudem energisch eine Beteiligung seines damaligen Freundes Robert Heicheles an dem Abschuss.

Auch anderen deutschen Piloten wurde eine Beteiligung am Abschuss Saint-Exupérys nachgesagt, doch basierten alle Gerüchte nach unseren Recherchen auf Missverständnissen oder reinem Hörensagen.

Ein weiteres Beispiel für eine solche Legende ist der Fall Hubert Kroeck, Kommandeur der Jagdgruppe 200. Bei seinen Recherchen erhielt Lino von Gartzen von der Familie Kroeck einige alte Dokumente und Unterlagen. Darunter befand sich auch ein Brief des französischen Forschers Clement Feyrere aus dem Jahr 1975 an Kroeck, in dem er diesem von Informationen berichtete, die er von einem deutschen Offizier der Luftnachrichtentruppe erhalten hatte, und ihn um Bestätigung bat:

Nach seinen [des deutschen Offiziers] Aussagen hätten Sie, am 31.7.1944, ein alliiertes Flugzeug, Typ P-38, Lightning, abgeschossen.

Die Ursache für diese Vermutung, dass Hubert Kroeck eine *P-38* abgeschossen hatte, identifizierte Lino als einen schlichten Übersetzungsfeh-
ler: Die Angabe des deutschen Offiziers, »Soeben erhielt ich die Anschrift
vom Kommandeur der Jagdgruppe 200, *die* vielleicht Saint-Exupéry abgeschossen hat«, wurde übersetzt in »Soeben erhielt ich die Anschrift
vom Kommandeur der Jagdgruppe 200, *der* vielleicht Saint-Exupéry abgeschossen hat«. So trivial die Lösung dieser Frage war, umso interessan-
ter war die Antwort Kroecks:

*Ich habe am 31.7.1944 kein alliiertes Flugzeug in dieser Gegend abge-
schossen. Ich bin seinerzeit Kommandeur der Jagdgruppe 200 in Südfrankreich gewesen. Diese Jagdgruppe war die einzige, die in dortiger
Gegend lag. Besitze aber keinerlei Unterlagen aus dieser Zeit. Sollten
Tagebücher der Jagdgruppe 200 noch bestehen, müsste dort alles zu
finden sein.*[57]

**Brief von Hubert
Kroeck an Clement
Fereyre**

Zeitzeugenbefragung

In langjährigen Recherchen über seinen Onkel, der als Pilot der Jagdgruppe Süd 1943 abgestürzt war, hatte der Genealoge Klaus Fischer anhand verschiedener Quellen und mithilfe der WASt eine umfangreiche Dokumentensammlung über die Piloten dieser Gruppe erstellt. Im Austausch mit Klaus Fischer entwickelte Lino von Gartzen nun seine Strategie, mittels derer er noch lebende Piloten oder deren Nachkommen ausfindig machen konnte.

Nach Abgleich ihrer Dokumente, Abschusslisten, Zeugenprotokolle und Publikationen konnten die beiden Forscher für die Jagdgruppe Süd 223 und für die Jagdgruppe 200 38 Namen ermitteln. Damit machte sich Lino auf die Suche im elektronischen Telefonbuch. Zuweilen stieß er auf genaue Treffer, bei denen Vor- und Nachname zusammenpassten und es nur eine oder wenige Personen dieses Namens mit einem Telefonbucheintrag gab. Fand er keine genaue Übereinstimmung, suchte er nach Personen mit Vornamen, die in den 1940er- und 1950er-Jahren üblich gewesen waren – Adolf, Richard, Heinrich. Seine Hoffnung war es, auf diese Weise auf ältere Personen zu stoßen, die ihm vielleicht hilfreiche Auskünfte über eine mögliche verwandtschaftliche Beziehung zu dem gesuchten Piloten geben könnten. Als Grenze setzte er sich die Zahl von maximal 400 Treffern für einen Familiennamen im elektronischen Telefonbuch, nur dann wollte er eine vertiefte Recherche starten.

Lino führte weit über 1000 Telefongespräche. Die meisten von ihnen ohne irgendein Ergebnis. Einige der Gespräche führten zu Informationen, die zwar interessant waren, keines aber brachte ihm weitere Hinweise zum Verbleib des Alexis zu Bentheim.

Diese anfangs mäßige Ausbeute der Telefonrecherche lässt sich mit der Situation innerhalb der in Südfrankreich in jener Zeit stationierten Truppen erklären. Besonders ergiebig können derartige Zeitzeugenbefragun-

Alexis zu Bentheim und Steinfurt vor einer *Messerschmitt Bf 109*

gen dann sein, wenn eine militärische Einheit über längere Zeit hinweg Bestand hatte und sich die damaligen Soldaten untereinander auch relativ gut kannten. Dies war jedoch bei der Jagdgruppe Süd und der späteren Jagdgruppe 200 nicht der Fall. Zwar war die Jagdgruppe Süd für etwa zwei Jahre in Südfrankreich stationiert gewesen, doch zeichnete sich die Situation durch einige Besonderheiten aus, die nicht ohne Wirkung auf das Verhältnis der Piloten untereinander blieb.

Da es sich um eine Ausbildungseinheit handelte, in der mehr und mehr auch ausgesprochen junge und unerfahrene Piloten in den Kampfeinsatz geschickt wurden, ergaben sich innerhalb der Jagdgruppe Süd zwei Gruppierungen, die wenig miteinander zu tun hatten. Zum einen waren da die jungen Piloten, die zum Teil nur etwa sechs Wochen lang auf ihre Einsätze vorbereitet wurden und nicht selten bereits bei ihrem ersten Feindflug abgeschossen wurden. Zum anderen gab es die Piloten und

Horst Rippert
(2.v.r.) Ende 1944/
Anfang 1945

Fluglehrer, die bereits über längere Erfahrungen verfügten. Die Überlebenswahrscheinlichkeit der erfahrenen Jagdflieger war ungleich höher als diejenige der praktisch noch in Ausbildung befindlichen Piloten. Die erfahrenen Jagdflieger mieden zumeist den Kontakt mit den sehr jungen Piloten und knüpften erst persönliche Bande, wenn es wahrscheinlich schien, dass einer der Nachkömmlinge auch reelle Chancen hatte, noch eine Weile lang zu überleben. Aus psychologischer Sicht ist dieses Verhalten gut nachvollziehbar: Denn der Verlust eines Menschen, zu dem man eine persönliche Beziehung aufgebaut hat, schmerzt sehr viel mehr als das Verschwinden eines namenlosen Neulings. Es war also nicht unbedingt Arroganz, welche die Distanz zwischen Jungen und Alten hervorrief, sondern häufig wohl auch ein Mittel, um sich selbst zu schützen. Eine Geschwaderkultur konnte sich unter diesen Bedingungen nicht herausbilden.

145

Jeder seiner Anrufe begann mit etwa diesen Worten: »Guten Tag, mein Name ist Lino von Gartzen. Ich führe eine Recherche zu einem Flugzeugmotor durch, der vor der Küste Marseilles am Absturzort Antoine de Saint-Exupérys gefunden worden ist. Im Besonderen suche ich nach Informationen zu dem Piloten Alexis zu Bentheim.«

Im Juli 2006 erreichte er einen Piloten, der selbst nichts zu dem Fall sagen konnte. Doch er gab Lino den Tipp, einen ehemaligen Jagdflieger anzurufen, der möglicherweise etwas zu dem Fall wissen könnte, der seines Wissens gesund sei und noch über einige Informationen über die Zeit in der Jagdgruppe Süd und 200 verfüge. Der Name dieses ehemaligen Jagdfliegers war Horst Rippert.

Am 20. Juli 2006 rief Lino von Gartzen bei Horst Rippert an und stellte sich mit dem üblichen Satz vor. Nachdem der Name Antoine de Saint-Exupéry gefallen war, wurde er unterbrochen.

»Da brauchen Sie ja nicht weiter zu forschen. Den Exupéry, den habe ich abgeschossen.«

Rechte Seite:
Horst Rippert auf
seiner *Messerschmitt*
Bf 109

146

III
Der Pilot

Das erste Gespräch

Nur zwei Tage später stand Lino vor Gartzen vor Horst Ripperts Wohnungstür, in einem Mietshaus in einer gutbürgerlichen Gegend Wiesbadens. Über ihr Gespräch fertigte er im Anschluss daran ein Gedächtnisprotokoll an, das wir hier im Originalwortlaut wiedergeben.

L.v.G.: Sie hatten bei unserem Telefongespräch gesagt, dass Sie vielleicht Antoine de Saint-Exupéry abgeschossen haben könnten.

H.R.: Nicht vielleicht, ich weiß es. Ich habe ihn am 31.7. abgeschossen. Wir haben damals nach dem Krieg, der Intendant und ich, zum Schicksal von Antoine de Saint-Exupéry recherchiert. Das steht im Buch, hier auf Seite 14.

Horst Rippert hatte nach dem Krieg zunächst beim Norddeutschen Rundfunk, unter dem Intendanten Ernst Schnabel, und später beim Zweiten Deutschen Fernsehen gearbeitet. Mit dem »Buch« meint er seine Lebenserinnerungen, die er im Jahr 1998 geschrieben hat.

L.v.G.: Sie haben gesagt, dass Ihr Buch nie veröffentlicht worden ist. Mir war dieses Buch auch nicht bekannt. Wollten Sie es denn veröffentlichen?

H.R.: Nein, ich habe es für mich und meine Familie geschrieben.

L.v.G.: Können Sie noch einmal die Situation des Abschusses der *P-38* schildern?

H.R.: Ich bin an diesem Tag von Toulon aus westlich in Richtung Marseille geflogen. Ich hatte sie plötzlich direkt vor der Nase. Sie flog da einfach vor sich hin. Die Maschine drehte dann nach unten ab, ich bin ihr kurz gefolgt, habe ein paar Mal geschossen und dann gesehen, wie sie ins Meer gestürzt ist. Ich wusste ja nicht, wer das war, konnte ich ja auch nicht wissen.

L.v.G.: Auf welcher Höhe befanden Sie sich ungefähr?

H.R.: Vielleicht 2500 Meter, es können auch 3500 Meter gewesen sein.

L.v.G.: Kann jemand den Abschuss bestätigen? Hatten Sie einen Flügelmann?

H.R.: Ich hatte einen Sonderauftrag und bin an dem Tag allein geflogen.

L.v.G.: Es wurden meines Wissens keine Funksprüche an diesem Tag abgehört?

H.R.: Ich habe das Funkgerät nicht oft benutzt.

L.v.G.: Warum? Um zu verhindern, dass man geortet wird?

H.R.: Ja, man wurde dann sofort angepeilt.

L.v.G.: Gibt es Unterlagen, die Ihren Abschuss einer *P-38* bestätigen?.

H.R.: Ich könnte was in dem Ordner haben.

Geht und kommt mit einem Ordner wieder, nach kurzer Suche schlägt er die Seite auf mit einer Übersicht seiner Abschüsse. Es können anhand der Liste jedoch keine Übereinstimmungen mit dem 31. Juli 1944 gefunden werden. Andere Dokumente in diesem Zusammenhang sind in dem Ordner nicht zu finden.

L.v.G.: Könnte es sein, dass der Abschuss nicht gemeldet oder anerkannt wurde?

H.R.: Das ist möglich, das weiß ich nicht. Ich erzähle Ihnen etwas, es steht auch im Buch. Ich habe einmal einen viermotorigen Bomber abgeschossen. Ich habe über Funk einen Aufschlagbrand gemeldet. Nach meiner Landung wurde ich vorübergehend festgenommen, wegen angeblicher Falschmeldung. Irgendein General aus Lyon hat den Funk abgehört und gemeint, auf dem

Wasser könne es keinen Aufschlagbrand geben. Es ist nicht immer alles genau so, wie es in den Akten steht.

Das Gespräch endet, nachdem Horst Rippert Lino von Gartzen noch einige Alben mit Fotos aus der Kriegszeit und andere Erinnerungsstücke gezeigt hat. Außerdem darf sich Lino Ripperts Lebenserinnerungen ausleihen und kopieren.

Als er ihn fragt, ob er mit einer Veröffentlichung seiner Version des Absturzes Saint-Exupérys zu Lebzeiten einverstanden wäre, verneint Horst Rippert. Lino beschließt, diesen Wunsch unbedingt zu respektieren und Rippert in keiner Form zu einer Veröffentlichung zu drängen. Das Gedächtnisprotokoll fertigt er an, um es versiegelt bei einem Notar zu hinterlegen.

Am 23. Juli 2006 ruft er nachmittags noch einmal bei Horst Rippert an, um telefonisch einige offene Fragen zu klären.

L.v.G.: Ich besuche in nächster Zeit Herrn Fahrenberger. Darf ich ihm den Bericht über ihn in Ihrem Buch zeigen?

Horst Fahrenberger ist ehemaliger Jagdflieger und war zusammen mit Rippert bei der Jagdgruppe Süd und später beim Jagdgeschwader 27 im Einsatz.

H.R.: Welchen Bericht?

L.v.G.: Den Bericht über seine Notlandung bei der Insel, wo Sie ihn für einen winkenden Leuchtturmwärter gehalten haben.

H.R.: Natürlich, gerne.

Die Memoiren von Horst Rippert enthalten viele Episoden aus der Zeit zwischen 1942 und 1944 in Südfrankreich. Wenn diese Erzählungen auch keine Informationen offenbarten, die für unsere Untersuchung von besonderem Wert gewesen wären, so zeigten die detailreichen Schilderungen, die Rippert 1998 niedergeschrieben hatte, doch zumindest, wie lebendig die Erinnerung an jene Zeit noch war.

L.v.G.: Ich habe noch ein paar Fragen zu Saint-Exupéry. Wissen Sie noch, zu welcher Uhrzeit sich das abgespielt hat?

H.R.: Das weiß ich nicht mehr, das ist zu lange her. Es war auf jeden Fall taghell.

L.v.G.: Wissen Sie noch, in welcher Richtung die *P-38* von Antoine de Saint-Exupéry flog? Sie hatten wörtlich gesagt »direkt vor der Nase«. Kam sie Ihnen entgegen?

H.R.: Nein. Sie war direkt unter mir. Ich bin dann runter und war dadurch sehr schnell. Dann habe ich geschossen. Natürlich nur auf die Tragflächen, naja.

L.v.G.: Sie hatten gesagt, dass Sie an diesem Tag allein geflogen sind und einen Sonderauftrag hatten. War das ein Kurierflug?

H.R.: Nein. Es war einfach ein freier Flug. Ich sollte in der Gegend die Augen aufhalten und im Zweifelsfall etwas abschießen.

L.v.G.: Wissen Sie noch, wo Sie gestartet sind?

H.R.: In Marseille, Marignane.

Zwischenstand

Lino von Gartzen hatte nicht erwartet, bei seiner Recherche über den Verbleib von Alexis zu Bentheim noch irgendetwas über das Verschwinden des seit über 60 Jahren vermissten Antoine de Saint-Exupéry in Erfahrung zu bringen. Für ihn und seine französischen Kollegen Luc

Vanrell und Philippe Castellano bedeutete die Entdeckung Horst Ripperts vor allem Arbeit.

Denn wenn sie überprüfen wollten, ob Horst Rippert die Wahrheit sagte und tatsächlich die *P-38 Lightning* Saint-Exupérys am 31. Juli 1944 abgeschossen hatte, mussten sie sich in all die Theorien einarbeiten, die es bislang um das Verschwinden des Autors des *Kleinen Prinzen* gab. All das in der Ungewissheit, ob überhaupt ein Ergebnis zu erwarten war und ob Horst Rippert bereit sein würde, zu Lebzeiten einer Veröffentlichung seiner Aussage zuzustimmen. Doch ebenso wie der Motor im Trümmerfeld der Maschine Saint-Exupérys ein Rätsel dargestellt hatte, das dem Unterwasserarchäologen keine Ruhe ließ, stellte diese Aussage eines Zeitzeugen ein Problem dar, das zunächst ganz unabhängig vom zu erwartenden Informationswert danach verlangte, bearbeitet zu werden.

Nachdem ein Großteil der Akten der Jagdgruppe 200 bereits auf dem Rückzug aus Südfrankreich vernichtet worden war oder zurückgelassen werden musste, gab es keinen Anlass, auf neue Informationen zu hoffen. Auch bei der Suche nach ehemals in Südfrankreich stationierten Piloten fand sich niemand, der Flugbücher oder ähnliche Dokumente aus genau dieser Zeit besaß.

Es stellte sich auch die Frage, warum gerade ein solches Ereignis wie das Verschwinden Antoine de Saint-Exupérys, das Piloten aller Nationen in jener Zeit bewegte, bislang nicht dokumentierbar gewesen war und warum sich für den Fall eines Abschusses durch einen deutschen Jagdflieger keine verlässlichen Zeugenaussagen zu einem solchen Vorgang hatten finden lassen.

Eine kleine Aufstellung der Zahlen soll zeigen, wie unwahrscheinlich es ist, dass noch Informationen anderer Piloten über den 31. Juli 1944 ausfindig gemacht werden könnten: Während seiner Recherchen konnte Lino von Gartzen 38 Namen von Piloten der Jagdgruppe 200 ermitteln.

Über 27 dieser Piloten konnte er konkrete Informationen einholen: 16 Piloten sind bei einem Einsatz gefallen. Das bedeutet eine Verlustquote von über 50 Prozent. Zwei weitere Piloten sind im weiteren Verlauf des Krieges gefallen. Neun Piloten haben den Krieg vermutlich überlebt. Vier der ehemaligen Piloten sind inzwischen verstorben. Zwei noch lebende ehemalige Piloten konnten ausfindig gemacht werden: Einer davon ist Horst Rippert. Statistisch gesehen könnten also noch ein oder zwei weitere Zeitzeugen leben. Ob diese jedoch am 31. Juli 1944 an ebenjenem Ort wie Rippert stationiert waren oder überhaupt in derselben Staffel wie Rippert waren, ist fraglich. Somit ist es extrem unwahrscheinlich, dass noch ein weiterer Zeitzeuge aus den Reihen der Jagdgruppe 200 zu den Geschehnissen um Saint-Exupérys letzten Flug befragt werden kann. Wie bereits beschrieben, bestand die Jagdgruppe 200 nur für sehr kurze Zeit, zu kurz, als dass sich eine Geschwaderkultur hätte herausbilden können.

Die Situation, vor der das Forschungsteam im Juli 2006 stand, war also folgende: Wenn sie die Existenz von Akten als Maßstab für die Wirklichkeit nahmen, so würden sie vielleicht niemals Gewissheit darüber haben, ob Antoine de Saint-Exupéry von einem deutschen Flieger abgeschossen worden oder aus einem anderen Grund ums Leben gekommen war. Doch gibt es glücklicherweise auch Menschen, Dinge und Tatsachen, die nicht in Akten verzeichnet sind und trotzdem bestehen. Deshalb ist die Nichtexistenz eines Akteneintrags kein Beweis dafür, dass der nicht verzeichnete Mensch, das nicht dokumentierte Ding oder die nicht beschriebene Tatsache auch nicht existiert hat. Und es sollte sich mit der Zeit zeigen, dass eine Fülle von Einzelheiten in einen Zusammenhang miteinander gebracht werden konnten, wie es auf diese Weise zuvor noch niemand versucht hatte.

»Dir wird nichts passieren«

Horst Ripperts Lebenserinnerungen, die dieser im Alter von 75 Jahren für seine Familie und Freunde niedergeschrieben hatte, dienten Lino von Gartzen, neben den persönlichen Gesprächen, als wichtige Quelle.[58] Seine Erlebnisse aus der Kriegs- und Nachkriegszeit hat der Mann, der von sich behauptet, Antoine de Saint-Exupéry abgeschossen zu haben, mit einem Motto überschrieben, das ihm seine Mutter mit auf den Weg gegeben und das ihn, wie er schreibt, geformt hat: »Dir wird nichts passieren«. Es scheint ihm ein besonderes Vertrauen in die eigene Überlebensfähigkeit vermittelt zu haben. Heiterkeit und Optimismus sprechen auch aus den Gedichten, kleinen Stimmungsbildern, die in den Text eingestreut sind und die feine Beobachtungsgabe des Autors bezeugen.

Im Plauderton erzählt er, wie er nach dem Krieg zunächst studierte und anschließend in Hamburg als Autor, Reporter und Redakteur beim Norddeutschen Rundfunk arbeitete, für den er komische Sketche und Gedichte schrieb. Ab der Gründung des Zweiten Deutschen Fernsehens 1963 moderierte und organisierte der Journalist für den Sender die Übertragungen von Fußballweltmeisterschaften und Olympischen Spielen. Als Fernseh- und Sportfunktionär bereiste er die Welt, traf Sportgrößen wie Franz Beckenbauer und prominente Politiker wie Helmut Kohl. Er rief die *Aktion Sorgenkind* ins Leben, für die er zahllose gemeinnützige Tennisturniere organisierte. Es ist der Rückblick auf ein erfülltes Leben. Einen besonderen Stellenwert in der Galerie der Prominenten, denen Horst Rippert in seinem Leben begegnet ist, nimmt sein Bruder Hans-Rolf Rippert ein, der unter dem Namen Ivan Rebroff zu einem internationalen Unterhaltungsstar wurde. Im Februar 2008 starb Ivan Rebroff, diese ebenso sympathische wie merkwürdige Figur. Niemals hatte Hans-Rolf Rippert behauptet, Russe zu sein, was ihm jedoch vielfach unterstellt wurde. Recherchiert man über den Sänger, so stößt man

Die Lebenserinnerungen Horst Ripperts

verschiedentlich auf die Information, dieser sei als Sohn einer russischen Mutter und eines halbjüdischen Vaters in Berlin geboren.

Lange Zeit gelangte Horst Rippert bei der Luftwaffe nicht über den Rang eines Obergefreiten hinaus. Dies hatte vermutlich seinen Grund darin, dass ihm ein nach den Nürnberger Rassengesetzen gültiger sogenannter Ariernachweis fehlte. Aufgrund des fehlenden Nachweises stand Rippert unter besonderem Leistungsdruck. Er musste sich durch Abschüsse beweisen, um nicht in das Visier seiner Vorgesetzten zu geraten.

Anfang 1945 wurde er doch noch zum Feldwebel befördert, nachdem sich Hauptmann Ernst-Wilhelm Reinert, Gruppenkommandeur des Jagdgeschwaders 27, für das Rippert inzwischen flog, beim Oberbefehlshaber der Luftwaffe, Hermann Göring, für ihn eingesetzt hatte. Auch soll Rippert mit dem Deutschen Kreuz in Gold ausgezeichnet und am Ende des Krieges noch zum Leutnant befördert worden sein. Doch Aufzeichnungen über diese späten Anerkennungen sind verschollen, was auch der fast 90-Jährige noch als Verlust empfindet.

155

Horst Rippert fährt ein Auto mit dem Kennzeichen ME 109 – dem Kürzel für die früher von ihm geflogene *Messerschmitt 109*. Er beschreibt sich als einen, der »sich und die Welt an dem Bazillus 109 leiden lässt«. Seine Begeisterung für dieses einsitzige wendige Jagdflugzeug ließ Rippert niemals los. Er engagierte sich für die Gründung des *Jägerblatts*, eines Organs für ehemalige Angehörige der Luftwaffe, in dem immer wieder auch Gerüchte über die Ursache des Verschwindens Antoine de Saint-Exupérys auftauchten, die – wie sich heute belegen lässt – jedoch oft auf falschen Informationen beruhten.

Horst Rippert erinnert sich an die »wunderbare und interessante Zeit« bei der Jagdgruppe Süd und 200 in Südfrankreich. Er berichtet von allerlei Flugabenteuern: von einem Flug, der mit einer Notwasserung endete, einer Notlandung in einem Weinberg, von Notausstiegen seiner Kollegen auf heimischer und feindlicher Seite. Und von seiner Schäferhündin Natascha. Als bei Hyères stationierter Soldat der Luftwaffe fuhr Rippert in seiner Freizeit mit der Straßenbahn in die nächstgelegene Stadt, um ein Café zu besuchen. Zwar erzählt er nicht von freundschaftlichen Kontakten zur Bevölkerung, doch fühlte und bewegte er sich offenbar von Feindseligkeiten weitgehend unbehelligt.

Horst Rippert war ein erfolgreicher Jagdflieger. In offiziellen Quellen finden sich 19 bestätigte Abschüsse. Er selbst vermutet, er habe etwa 30 feindliche Flugzeuge abgeschossen. Sicher ist, dass Rippert ein ausgezeichneter Pilot gewesen sein muss. In der Kriegszeit wurde er für zahlreiche Sonderkommandos, wie etwa den Geleitschutz beim Transport hoher Generäle, herangezogen.

Der Abschuss der *P-38 Lightning* findet in Ripperts Erinnerungen nur eine kurze Erwähnung. Nicht das Erlebnis selbst wird hier erzählt, sondern nur die Erleichterung, die der vermeintlichen Entlastung folgte, als er sich von seinem Verdacht befreit glaubte. Gemeinsam mit Ernst Schnabel, dem NDR-Intendanten, hatte er eigene Untersuchungen zum

Verschwinden Saint-Exupérys unternommen, jedoch keine Belege für seine Vermutung finden können. Auf Anraten seines Kollegen fand Rippert sich damit ab, die Vergangenheit ruhen zu lassen – eine Überlebensstrategie, die wohl einer ganzen Generation den Aufbruch in die Wirtschaftswunderjahre ermöglichte.

Erst als 2004 das Wrack des Flugzeugs Saint-Exupérys zwischen Marseille und Toulon entdeckt wurde, konnten Theorien eines Absturzes bei Korsika oder in der Gegend von Nizza oder in den Alpen ausgeschlossen werden. Der alte Verdacht, dass niemand anders als er, Horst Rippert, die Schuld am Tod Saint-Exupérys tragen könnte, bekam wieder Nährstoff. Um herauszufinden, ob es möglich oder gar wahrscheinlich war, was Horst Rippert seit dem Jahr 1944 angenommen hatte, mussten seine Aussagen nun mit den verfügbaren, bis dato recherchierten Fakten verglichen werden. Vielleicht würde sich ja auch ein Hinweis finden, der seine Beteiligung ausschließen könnte.

Ein Netz von Geschichten

Gemeinsam sichtete das Forschungsteam aus Lino von Gartzen, Klaus Fischer, Luc Vanrell und Philippe Castellano die bislang angesammelten Daten und Fakten. Gemeinsam prüften sie auch die Aussagen Ripperts, um dessen Glaubwürdigkeit als Zeuge einordnen zu können. Neben den biografischen Angaben wurden insbesondere die zahlreichen Kriegsepisoden, die er in seinen Lebenserinnerungen niedergeschrieben hatte, in den Archiven nachrecherchiert. Dabei stellte sich heraus, dass all diese Ereignisse den Angaben Ripperts entsprechend stattgefunden haben – ob es sich nun um einen eigenen Absturz oder um einen von ihm geschilderten Abschuss handelte. Einzig die im Buch beschriebene Be-

Rauch nach dem Absturz des *B-24-*Bombers, den Horst Rippert am 25. Mai 1944 bei Cannes abgeschossen hat

förderung und Ordensverleihung im Mai 1945 konnte weder bestätigt noch widerlegt werden.

Horst Rippert betont, er habe als Jagdflieger – wie angeblich auch das große Fliegeridol Manfred von Richthofen – stets darauf geachtet, nicht die Menschen in den Maschinen, sondern die Tragflächen der Flugzeuge zu treffen. An einem Beispiel ließ sich das verifizieren.

Philippe Castellano ist Autor eines Buches über das Schicksal amerikanischer B-24-Bomber, die an der südfranzösischen Küste verloren gingen.[59] Ein bestimmtes Ereignis, das Philippes Interesse an der Erforschung alter Flugzeuge ursächlich geweckt hatte, steht dabei im Mittelpunkt. Im März 1944 war ein US-Bomber unkontrolliert über das Haus von Philippes Vater bei Cannes hinweggetrudelt und in einen Weinberg eingeschlagen. Das Flugzeug war zuvor von der Flak getroffen und danach von einem Jagdflieger beschossen worden. Ein Teil der Besatzung konnte mit dem Fallschirm aussteigen und geriet in deutsche Kriegsgefangenschaft.

158

In Ripperts Erinnerungsbuch fand sich genau diese Geschichte aus der Sicht des Jagdfliegers, der schildert, er habe einen Bomber abgeschossen, dessen Besatzung aussteigen konnte, bevor der Bomber in einen Hügel stürzte.[60]

Philippe Castellano kannte mit Horst Rippert nun den Schützen, der seinen Bomber abgeschossen hatte. Neben diesem merkwürdigen Zusammentreffen war für unsere Forschungen jedoch ein anderes Detail der Episode von Bedeutung:

Philippe hatte Kontakt zu Alfred Karow aufgenommen, der als Besatzungsmitglied des Bombers den Absturz überlebt hatte. Karow gab an, der deutsche Jagdflieger habe tatsächlich gezielt auf Tragflächen und Motoren geschossen.[61]

Die Überprüfung solcher Details ließ das Team im Laufe der Zeit einige der anfänglichen Zweifel an Ripperts Aussagen verlieren. Keine seiner Erzählungen – ob es sich um Erlebnisse aus dem Krieg oder aus seinem zivilen Leben handelte – war nachweislich falsch. Es bestand kein Anlass, daran zu zweifeln, dass auch seine Behauptung, er habe Antoine de Saint-Exupéry abgeschossen, stimmen konnte.

Knochenfunde auf der Île de Riou

Das Bindeglied in der Geschichte um Saint-Exupéry und Horst Rippert war Alexis zu Bentheim und Steinfurt, wenngleich sein Schicksal nur indirekt und durch Zufall mit dem der beiden anderen Piloten in Verbindung stand. Lino von Gartzen fand es unbefriedigend, lediglich einen Motor gefunden zu haben, dessen Piloten er vermutlich identifiziert hatte, über dessen weiteren Verbleib er jedoch nichts wusste.

Von Luc Vanrell erfuhr er die folgende Geschichte: Im Jahr 1965 hatte der französische Forscher, Arzt und Archäologe George Albert bei einer Ausgrabung auf der fast kahlen Île de Riou ein von kleinen Steinen bedecktes Skelett entdeckt. Albert, der seit Jahren auf der Insel Ausgrabungen unternommen hatte, ging davon aus, das Grab eines Türken, der bei einem Überfall auf die Insel im Jahr 1527 gefallen sein konnte, gefunden zu haben. Das linke Bein des Skeletts fehlte, die Arme waren über dem Brustkorb gekreuzt. Einer ersten Schätzung Alberts zufolge war der Mann, dem diese Knochen einmal gehört hatten, im Alter von etwa 35 Jahren gestorben und etwa 1,77 Meter groß gewesen.

Als Luc Vanrell um die Zeit der Identifizierung des Flugzeugwracks Saint-Exupérys auf Alberts Beschreibung seines Fundes stieß, dachte er zunächst, es könnte sich bei dem Skelett möglicherweise um die Überreste Saint-Exupérys handeln. George Albert war inzwischen verstorben. Von seiner in den USA lebenden Tochter erhielt er Fotos von den wenigen erhaltenen Gebeinen. Ein erster gerichtsmedizinischer Abgleich eines

Das Skelett auf
der Île de Riou

Fotos des Schädels mit Fotos von Antoine de Saint-Exupéry ergab, dass es sich nicht um dessen Kopf handeln konnte.

Luc Vanrell konnte jedoch noch eine weitere Geschichte in Erfahrung bringen: In den Jahren des Zweiten Weltkrieges war die heute menschenleere Insel von drei Leuten bewohnt gewesen, die sich mühsam mit Fischfang über Wasser hielten. Einer dieser Fischer – auch er ist mittlerweile verstorben – hat Luc erzählt, im Winter 1943 bei der Insel Grand Conglue, 300 Meter von der Absturzstelle entfernt, den Leichnam eines Piloten im Wasser treibend gefunden zu haben. Bei näherer Nachfrage zum Verbleib des Piloten war der Fischer einsilbig geworden und hatte keine weiteren Informationen mehr preisgeben wollen.

Nachdem der Motor, der aller Wahrscheinlichkeit nach zur Maschine Alexis zu Bentheims gehört hatte, geborgen worden war, lag der Schluss nahe, es könnte sich bei dem Skelett um die Überreste des Piloten handeln, der am 2. Dezember 1943 seinen ersten und letzten Feindflug absolviert hatte.

Auf der Île de Riou

Bei einem erneuten gerichtsmedizinischen Vergleich des Fotos vom Schädel mit einem Foto von Alexis zu Bentheim konnte nicht nur eine große Ähnlichkeit festgestellt werden, es fand sich zudem kein Ausschlusskriterium. Weitere Untersuchungen ergaben, dass der Schädel von einem Mann zwischen 20 und 25 Jahren stammte und vermutlich zahnärztlich behandelt und korrigiert worden war. All diese Indizien konnten bei Alexis zu Bentheim eine Entsprechung finden.

Darüber hinaus wies das Skelett zwei markante Verletzungen auf: Es lag ein leichter Schädelbruch an der Stirn vor und das linke Bein fehlte. Beide Verletzungen waren typisch für Piloten, die mit einer *Me-109* abgestürzt waren. Der Schädelbruch konnte durch das Reflexvisier verursacht und das Bein durch Motor und Kanone bei einem Absturz oder einer missglückten Notlandung abgetrennt worden sein.

Im Zweiten Weltkrieg stürzten viele Piloten in der Gegend um Marseille ins Meer. Doch wies alles darauf hin, dass das Team von Lino von Gartzen, Luc Vanrell und Philippe Castellano bei der Erforschung des Absturzortes Saint-Exupérys noch einmal unwahrscheinliches Glück haben könnte.

Ein Abschied

Im Herbst 2006 konnten die bisherigen Forschungsergebnisse zum Wrack von Saint-Exupéry bei einem Kongress für Unterwasserarchäologie in Paris erstmals einem Fachpublikum vorgestellt werden. Auch die bis dahin vorliegenden Informationen über Alexis zu Bentheim wurden präsentiert. Jegliche Mutmaßung, sie könnten der Lösung des Rätsels um den letzten Flug Antoine de Saint-Exupérys einen Schritt näher gekommen sein, wurde dabei vermieden.

Luc Vanrell und Philippe Castellano hatten bereits bei der Identifizierung des Wracks die Erfahrung gemacht, dass ihre Forschungsergebnisse zu dem Rätsel um den französischen Nationalhelden nicht nur kritisch, sondern zum Teil auch feindselig aufgenommen wurden. Lino von Gartzen hatte Horst Rippert versprochen, seine Geschichte nicht gegen seinen Willen öffentlich zu machen. Auch war er sich noch nicht sicher genug, ob Rippert tatsächlich derjenige war, der den Schlüssel zur Lösung des jahrzehntealten Rätsels darstellte. Er hatte eine mündliche Aussage und einige Indizien. Würde Horst Rippert eines Tages sterben, könnte Lino lediglich behaupten, ein älterer Herr hätte einmal zu ihm gesagt, er habe das Flugzeug Antoine de Saint-Exupérys abgeschossen.

Nachdem er seine Überlegungen mit ihm geteilt hatte, erhielt er folgenden Brief:[62]

Horst Rippert

Herrn
Lino von Gartzen

22.12.06

Sehr geehrter Herr von Gartzen,

ich danke Ihnen für Ihren Besuch am 19. Dezember und bestätige wunschgemäß unsere Gesprächsnotiz:

Hiermit bestätige ich, am 31.07.1944 bei Marseille eine Lightning P 38 abgeschossen zu haben.

Zeitpunkt später Vormittag.

Flugrichtung Toulon – Richtung Marseille.

Die P – 38 befand sich tiefer, im Moment des Abschusses Richtung Ufer.

Mit freundlichen Grüßen

Horst Rippert

Horst Rippert hatte diesen Brief nach eigener Auskunft geschrieben, weil er verhindern wollte, dass der Tod Antoine de Saint-Exupérys als möglicher Selbstmord bestehen bleiben könnte. Er stammt aus einer Generation, in der Selbstmord noch überwiegend als ehrenrühriger Makel aufgefasst wurde.

Es fällt auf, dass Rippert in seinem Brief nicht von der Maschine Saint-Exupérys spricht, sondern von der *P-38 Lightning*. Er war sich sehr wohl dessen bewusst, dass es sich um eine Vermutung handelte, die entsprechend anfechtbar war.

Im Dezember 2006 waren die Forschungsarbeiten zum Motor abgeschlossen und es wurde ein umfangreicher Abschlussbericht mit allen relevanten Informationen, Forschungsergebnissen und Dokumenten erstellt. Dieser Bericht war aber weniger für die Behörden, sondern vielmehr für Christian zu Bentheim bestimmt.

Er und sein Neffe reisten am 5. Januar 2007 nach Marseille, um den Ort des Geschehens aufzusuchen und die anderen beteiligten Forscher persönlich kennenzulernen. In Luc Vanrells Büro wurde für Christian zu Bentheim mithilfe einer Karte der letzte Flug seines Bruders Alexis rekonstruiert:

Dieser letzte Flug beginnt in Avignon um 12.15 Uhr und führt nach Marseille. Von See her beginnt ein alliierter Angriff auf die Stadt. Über 150 Bomber und Jagdflugzeuge sollen den U-Boot-Bunker im Hafen von Marseille zerstören. Die Einheit von Alexis zu Bentheim greift mehrfach von Osten und Westen den übermächtigen feindlichen Bomberverband an. Die Waffen des Ausbilders, der den Angriff führt, versagen. Dennoch befiehlt er weiter anzugreifen. Alexis' Flug endet an der Küste südöstlich der Stadt.

Am Fundort des Motors fand ein stilles Gedenken auf offener See statt.

Christian Fürst zu Bentheim und Steinfurt mit Lino von Gartzen am Ort des Geschehens

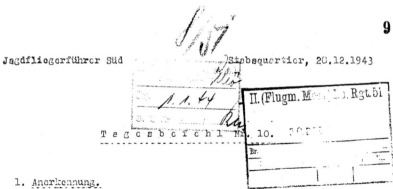

9

Jagdfliegerführer Süd   Stabsquartier, 28.12.1943

1 1 44   II.(Flugm.M. .. .Rgt.51

T a g e s b e f e h l Nr. 10.

Br.

1. Anerkennung.

Beim Angriff eines feindlichen Bomberverbandes auf Marseille
am 2. 12. 1943 schossen Uffz. W i l k e und Uffz. H a u n -
s c h i l d, 2./Jagdgruppe Süd, je eine Boeing Fortress II
im Luftkampf ab.
Ich spreche beiden Flugzeugführern zu ihrem 1. Abschuss meine
herzlichen Glückwünsche aus.

Folgende Abschußbeteiligung wird den aufgeführten Gerätestel-
lungen zuerkannt:

a) 4.(Flugm.-Meß-Komp.)/Ln.Rgt.51: 1 Boeing Fortress II.
   Luftsieger Uffz. Haunschild. - Der Abschuss kann in der
   befohlenen Form auch an den an dem Tage betriebsklaren
   W.-Geräten angebracht werden.

b) 8.(Flugm.-Meß-Komp.)/Ln.Rgt.51: 1 Boeing Fortress II.
   Luftsieger Uffz. Wilke. - W.-Geräte sind an dem Abschuß
   nicht beteiligt.

Gegen den Feindanflug am 2.12.1943 startete der Jagdlehrer
Feldwebel D ö r i n g, 2./Jagdgruppe Süd, mit 3 jungen Nach-
wuchsflugzeugführern im Schwarm. Bei der Feindberührung ver-
sagten auf Grund technischer Mängel die Waffen seines Flugzeuges sofort vollständig. Dessen ungeachtet flog D. noch
mehrere schneidige Angriffe gegen den Feindverband ohne eigene
Waffen, um die Jagdschülerbesatzungen richtig und wirkungsvoll
an den Feind heranzuführen, was bei 3 Angriffen gelang. Durch
das Verhalten des Fw. D. ist mit Sicherheit der Abschuß einer
Boeing Fortress II am 2. 12. 1943 ermöglicht worden.

Ich spreche ihm für sein schneidiges und verantwortungsbewuß-
tes Verhalten meine besondere Anerkennung aus.

Tagesbefehl
Nr. 10 des Jagdflieger-
führers Süd für den
2. Dezember 1943

Christian zu Bentheim ließ ein Band mit den Farben des Familienwappens ins Wasser gleiten. Dann legten sie an der Île de Riou an. Ursprünglich war nicht geplant gewesen, die Grabstelle auf der Insel aufzusuchen, denn der Weg dorthin war sehr beschwerlich und führte über Felsen und Abhänge. Doch Christian zu Bentheim wünschte diesen Ort zu sehen, mochte es doch aufgrund seines Alters die einzige und letzte Möglichkeit hierfür sein. Also kletterte der betagte Fürst gefolgt von vier besorgten Forschern über die felsige Insel zur fraglichen Grabstelle.

Am folgenden Tag verabschiedete sich Christian zu Bentheim mit den Worten »Sie sind ein großer Reisemarschall, Herr von Gartzen«.

Christian zu Bentheim hegte die Hoffnung, das Skelett seines Bruders vielleicht eines Tages in der Familiengruft beisetzen zu können, um die Lücke in der Familiengeschichte zu schließen. Letzte Gewissheit darüber, ob es das Skelett des Alexis zu Bentheim war, konnte jedoch nur ein Gentest bringen. Er wurde noch 2007 richterlich genehmigt. Doch die lange Liegezeit und die Witterungsbedingungen hatten den Knochen zugesetzt. Erst Anfang 2008 konnten verwertbare menschliche DNA-Spuren in den Knochen gefunden werden. Zum Zeitpunkt der Drucklegung dieses Buches waren die Ergebnisse der gerichtsmedizinischen Untersuchung noch nicht abgeschlossen.

U-Boot-Bunker im
Hafen von Marseille

Das Interview

Wie vereinbart hielt Lino von Gartzen Horst Rippert über den weiteren Fortgang der Untersuchungen am Absturzort Saint-Exupérys und Alexis zu Bentheims auf dem Laufenden. Als er auch von dem in Entstehung befindlichen Dokumentarfilm der Münchner Produktionsfirma Tangram über das Projekt erzählte und nachfragte, ob er bereit wäre, ein Interview zu geben, erklärte sich Horst Rippert einverstanden. Das Interview fand im April 2007 statt.

Es folgt eine Abschrift der Teile, die für unsere Untersuchungen relevant sind, und der Passagen, die Aufschluss über Horst Rippert und sein Erleben der Situation um 1944 geben. Solche Stellen, die nichts mit dem Thema zu tun haben, wurden als Auslassungen gekennzeichnet.

Frage: Wie kamen Sie denn damals überhaupt zur Luftwaffe?

H.R.: Es flog natürlich alles Mögliche herum in dieser Zeit und das animiert natürlich einen jungen Burschen und da habe ich mir gedacht, als das Ganze losging: da musst du hin. Und das ist mir dann auch gelungen. Mit kleinen Unterbrechungen. Aber ich habe es auf jeden Fall geschafft, den damals sehr seltenen Kunstflugschein zu machen, der damals sehr selten war. Und dann war ich bei der Luftwaffe.

Frage: Sie waren ja bei der Jagdgruppe Süd eingesetzt. Was waren da genau die Aufgaben?

H.R.: Die Aufgaben waren: Begleitschutz zu fliegen für die deutschen Bomber und andere Kampfflugzeuge. [...] Das war in Südfrankreich in der ganzen Küstenlandschaft bis runter um den Étang de Berre – das ist dieser östlich von Marseille liegende Binnensee, den ich auch einmal unter Wasser aufgesucht habe. Als sie mich rausgeholt haben, habe ich ihn auch einmal persönlich geküsst, wie ich damals gesagt habe, und meine *Me 109* lag dann neun Meter unter Wasser. Als sie die dann mit dem Kran rausgeholt haben, floss das ganze Wasser raus und mit dem Wasser auch sechs Aale. In der Zeitschrift *Der Adler* erschien dann ein Artikel: »Horst Rippert ist der erste, der mit der *Me 109* Aale gefangen hat.«

Frage: Wie war denn im Sommer 1944 die militärische Lage in der Region?

H.R.: Das ist ein bisschen schwer zu beurteilen, weil wir mehr von den Nachrichten der deutschen Agenturen abhängig waren. Wir hatten immer die Aufgabe, die Kampfflugzeuge zu begleiten und die amerikanischen Bomber davon abzuhalten, ihre Last auf unsere Positionen abzuwerfen. Insoweit hatten wir immer Angriffe zu fliegen – also zum Beispiel auf Korsika oder sonstige Inseln – und auf der anderen Seite die Maschinen abzuwehren, die von den damals feindlichen Nationen kamen. Das war alles.

Frage: Im Sommer 1944 war ja die Landung in der Normandie. Erinnern Sie sich an die Stimmung in der Truppe in jener Zeit?

H.R.: Die Stimmung war wie in den Jahren zuvor: Man hatte gehofft, dass denen das nicht gelingt.

Frage: Haben Sie das Vordringen der Truppen aus dem Westen und aus dem Süden mitverfolgt?

H.R.: Das haben wir durch die Nachrichten mitverfolgen dürfen. Und immer ein bisschen mit dem Angstgefühl, dass es Richtung Heimat geht. Die Familien haben wir immer beruhigt und gesagt: Es wird alles gut und ihr werdet auch merken, dass die euch nicht überfallen. Was nachher nicht so ganz klappte. Wir hatten immer noch das Gefühl, wir müssten unsere Familien ein bisschen stützen. […]

Frage: Wenn wir über Luftkämpfe sprechen. Da hatte ja jeder Jagdflieger seine eigene Taktik gehabt, jemand anders abzuschießen. Wie war das bei Ihnen?

H.R.: Taktik würde ich nicht sagen. Aber ein Bedürfnis und ein Wollen. Ich wollte auf jeden Fall überleben. Das war das eine. Und das zweite: ich wollte den Gegner abweisen, indem ich ihn abschoss. Und wenn ich ihn abschoss, dann ohne auf menschliche Wesen zu treffen. Das heißt, mein Ziel waren immer die Flächen und damit die Motoren. Dann wurden die ausgesetzt. Und meine Gegner waren sozusagen gelähmt. Und ich war ein bisschen befriedigt darüber, wenn ich sah, die mussten notlanden oder aussteigen und konnten also nicht weiterfliegen. Das war schon ein Erfolg für mich. Und den habe ich dann versucht, in meiner Staffel und in meinem Geschwader zu verbreiten. Und da hat sich dann das Gefühl verbreitet: Der Horst, der schießt gut. Der schießt die ab, aber der trifft die Menschen nicht. Und das war eigentlich eine Befriedigung für mich. Von diesen – ich war der Auffassung, ich hatte 30 Abschüsse – und in den Druckschriften, die man heute liest, sind es 26 bis 29. Für mich war es einfach das Fliegen, das betont saubere Fliegen und das Abschießen.

Frage: Ein besonderer Vorfall war ja am 31. Juli 1944.

H.R.: Jaja. (seufzt)

Frage: Ich würde Sie bitten, dass Sie uns diesen Tag mal so genau wie möglich schildern.

H.R.: Also dieser Tag: Ich wurde ja schon einmal darauf angesprochen. […] Ich bin gestartet und hatte den Auftrag, eine Aufklärung am Mittelmeerraum zu fliegen. Marseille–Toulon. Und da sollten sich einige amerikanische Maschinen bewegen und ich sollte sehen, dass ich da ran kann. Und da sah ich auf einmal diese *Lightning* mit ihrem Doppelrumpf und dachte mir: Nanu, was will der Kerl hier mitten im Kampfgetümmel. Das gehört mir hier. Und dann habe ich den einmal einen Bogen fliegen lassen und habe dann auch eine Kurve geflogen. Und ich dachte mir, vielleicht verdünnt der sich. Aber der ging nicht weg. Der machte auch noch eine Biege. Und da dachte ich mir »Na also, Junge, wenn du nicht willst« – ich sah das große Mal auf den Tragflächen und es war klar, dass es sich um eine amerikanische Maschine handelt –, »dann werde ich doch mal drauf schießen«. Und dann bin ich von oben runter aus einer Kurve und habe auf die Flächen gezielt und auch getroffen. Aber ich kann nicht beweisen, dass es Saint-Exupéry war. Es ist mein Traum, dass er es nicht war. Denn ich habe den so gemocht aus seinen Werken, dass er mir ein Liebling geworden war. Und seine Bücher waren eben anregend und gut. Und auch anregend für die Fliegerei. Und das war einer der wesentlichen Punkte. Na ja – und dann fiel das Ding runter. Und dann habe ich später erfahren, dass es Saint-Exupéry gewesen sein soll. Na ja. Und Saint-Exupéry war eben bei uns in der Jugendzeit bekannt. Und ich dachte mir: das ist mir aber unangenehm. […] Ich habe ja nicht auf einen mir bekannten Menschen gezielt und getroffen. Getroffen schon gar nicht. Sondern ich bin als Jagdflieger geflogen und habe eine feindliche Maschine gesehen – oder wollen wir mal sagen, eine Maschine aus einem anderen Land – und die habe ich getroffen und die fiel dann runter, aber ich habe nicht gesehen, ob da jemand ausstieg oder was. Na ja – das war dieses Erlebnis dieses Tages.

[Es folgen einige Fragen, um die Situation noch einmal in anderen Worten zu hören.]

Call it Lightnin

- SAY THE PILOT

NOBODY had time to name this L
fighter plane when it was born. T
called it by a number, P-38.

Then the pilots sent it climbi
eight miles straight toward the strat
up where even the highest-flying l
couldn't go. They brought it screami
out of the clouds like forked vengea
jammed down the throttle and it fl
than any fighter ever flew before. The
the trigger-button and saw how ca
fire-power from its cannons and
guns could rip apart anything on wi
there was only one name for it: L

So that's its name, a name it
from British and American pilot
name to watch: Lockheed *Lightnin*
heed Aircraft Corporation ... Veg
Corporation...Burbank, California

for protection today

progress tomorrow, l

Lockhee

FOR LEADERS

Werbeanzeige für die
P-38 Lightning

172

H.R.: Na ja, das Ding fiel jedenfalls runter und viel später habe ich dann erfahren, wer darin gewesen sein soll. Ich war sehr traurig darüber. Bin ich heute noch.

Frage: Haben Sie denn gesehen, wie die Maschine ins Meer stürzte?

H.R.: Ja. Senkrecht runter ins Wasser. [Schnieft, wischt sich die Augen.] Es war, glaube ich, vor Toulon so in der Gegend. Man ist ja, wenn man in der Luft so hin- und herfliegt – da hat man die genauen Positionen natürlich nicht drin. Aber es war eine *Lightning* und getroffen habe ich sie auch und runtergefallen ist sie auch und ausgestiegen ist er auch nicht. Und ob es diese Maschine war – das kann ich auch nicht beschwören. Ich kann nur hoffen, es war nicht Saint-Exupéry und es war jemand anders. Es waren ja auch mehrere *P-38* an dem Tag in der Luft.

Frage: Was war denn das Besondere an der *P-38*?

H.R.: Das Besondere war das Steh- bzw. Fliegevermögen mit den großen Flächen, Doppelrumpf, sicheres Flugzeug, wahrscheinlich auch sehr gut zu fliegen. Ich habe mir oft gesagt: Ich möchte das Ding auch mal fliegen. Aber das konnten wir uns nur wünschen – aber natürlich nicht bestellen. Das gab es natürlich nicht.

Frage: Ist denn damals das Verschwinden Saint-Exupérys auch bei den deutschen Truppen angekommen?

H.R.: Ja. Es wurden natürlich die Nachrichtendienste abgehört und wir haben auch den Sender gehört. Und da wurde natürlich auch durchgegeben, dass die *P-38*, Doppelrumpf *Lightning* nicht zurückgekommen ist und da war unser Dichter, Schriftsteller und Könner Saint-Exupéry drin. Und da konnte ich nur sagen: War ich das oder war das ein Nebenbeiflieger. Wir waren ja mehrere in der Luft. Dann hat mein damaliger Intendant [Jahre später – Anm. d. Autoren] in Hamburg gesagt: Bete zu Gott, dass er es nicht war. Aber du kannst ihm nicht mehr helfen. Das ist passiert.

Der ist heruntergefallen. Dass es Saint-Exupéry war, das glaube ich schon. Aber ob du das warst. Ne, sagte er, vergiss es. Das habe ich ihm damals gedankt, indem wir in eine Flugschule gingen und ich ihm das Fliegen beibrachte. Und das war eine Begegnung, die mich etwas beruhigte. Indem er einfach sagte: Es hätte ja auch ein anderer gewesen sein können.

Frage: Aber Sie hatten schon die Ahnung, dass das womöglich Sie gewesen sind damals?

H.R.: [Presst die Lippen aufeinander, wartet, schließt die Augen, hebt den Kopf, öffnet die Augen.] Ja. [Schließt die Augen wieder.]

Frage: Sie hatten ja vorhin schon gesagt, der Saint-Exupéry war damals schon sehr bekannt. Wofür war er denn so bekannt?

H.R.: Für seine Bücher. Wir haben das alles auch gelesen. […]

Frage: Sie konnten ja nicht wissen, wer damals in der Maschine saß.

H.R.: Ne. Das ging nicht. Das gibt es nicht. Und selbst wenn ich ihn gesehen hätte. Ich kannte ihn ja nicht. Es waren nur die Bücher. Vielleicht mal Bilder hier und da. Aber in der Luft erkannt – nein, nichts. Absolut nichts. Und wenn ich das gesehen hätte, dann hätte ich bestimmt nicht geschossen. Auf diesen Mann nicht. [Presst die Lippen aufeinander, senkt den Blick, Pause.] Ja.

Frage: Was bedeutet es Ihnen denn heute, wenn Sie sagen, höchstwahrscheinlich waren Sie derjenige, der ihn vom Himmel geholt hat?

H.R.: […] Ich kann es nicht beweisen. Ich möchte es bitte nicht gewesen sein. […]

Frage: Was drohte einem denn, wenn man eine Falschmeldung machte?

H.R.: Weiß ich nicht. Einsperren oder Zurückstufung als Gefreiter. Andere Sachen gab es, die mich mehr getroffen hätten – Flugverbot usw.

Frage: Warum haben Sie denn Flugverbot bekommen?

H.R.: Die Gründe lagen in dem fehlenden Ariernachweis, der bei jeder

Gelegenheit ausgenutzt wurde. Ich war deutscher Kunstflugmeister und als ich das mal vorführte, wurde mir gesagt: Es ist unglaublich, dass der nicht fliegen darf, und dann bin ich eben nach einem halben oder dreiviertel Jahr Pause wieder geflogen.

Frage: Was hat dieser fehlende Ariernachweis denn bedeutet?

H.R.: Wenn Sie den nicht hatten, dann konnten Sie ja Viertel- oder Halbjude oder sonstwas alles gewesen sein.

Frage: Bei Ihnen war er nicht da?

H.R.: Nein, ich hatte ja keinen. Ich konnte zwar sagen, dass mein Vater Adeliger gewesen war und seinen Titel »von« offiziell abgegeben hatte. Dass meine andere Familie eine Musikerfamilie besten Ausmaßes gewesen war. Heute sehen Sie den Ivan Rebroff – der ist auch Musiker und heißt auch Rippert und ist mit seinem Künstlernamen berühmt geworden. Vielleicht kommt er nächsten Monat wieder, wenn ich Geburtstag habe. Und auch der war bedroht von der Frage: Ist jemand jetzt nicht ganz koscher oder echt? Mein Vater hat immer gesagt: Es gibt nichts, gar nichts. Ich war adelig. Ich habe den Titel zurückgegeben. […]

Frage: Es wurde ja im Jahr 2003 das Wrack von Antoine de Saint-Exupéry gefunden.

H.R.: Rausgeholt.

Frage: Das haben Sie ja verfolgt. Was ist Ihnen dabei durch den Kopf gegangen?

H.R.: Tränen. [Schweigt.] Nichts mehr. [Schweigt.] Nichts mehr. Für mich ist das Ergebnis und das drumherum inzwischen abgeschlossen. [Schweigt, dann energisch:] Total abgeschlossen. [Schweigt.] Ja.

Frage: Glauben Sie, dass das Rätsel Saint-Exupéry damit auch gelöst ist, das ja lange Zeit umstritten war?

H.R.: [Denkt nach.] Das weiß ich nicht. [Schweigt.] Ich weiß es nicht.

[Schweigt.] Also wenn ich jetzt auftreten würde und sage, ich habe den damals abgeschossen – [energisch:] das gibt einen Riesenwirbel! Das mag ich doch nicht. Das kommt doch überhaupt nicht in Frage! [Lacht, senkt den Blick, greift sich nervös an die Nase, sieht dann wieder auf.] Ich habe ihn nicht abgeschossen! Vergessen wir das. [Leckt sich über die Lippen.] Bitte. [Schweigt.]

Frage: Vielen Dank, Herr Rippert.

H.R.: Das ist alles?

Frage: Das ist alles.

H.R.: Schade.

Frage: Hätten Sie gerne noch mehr erzählt?

H.R.: Es gäbe sehr sehr viel zu erzählen. Ich will nur eines sagen: Sie haben das sehr nett gemacht. Ich bin das als Journalist auch gewöhnt, befragt zu werden. Habe viele Interviews gemacht. Ich will nur sagen: Sie haben das sehr vernünftig gemacht: ruhig, sachlich, bescheiden. Danke.

Frage: Danke Ihnen. Jetzt wollen wir noch den Herrn von Gartzen fragen, was der noch zu fragen hat.

L.v.G.: Sie hatten ja, als wir uns zuvor gesprochen hatten, geschildert, dass das Flugzeug so Kreise geflogen ist und Sie den Eindruck hatten, der bemerke Sie gar nicht. Irgendetwas stimmt nicht. Oder er fliegt – wie Sie vorhin gemeint haben – unkontrolliert.

H.R.: Wer jetzt – Saint-Exupéry, meinen Sie jetzt?

L.v.G.: Wer auch immer an diesem Tag in der *P-38* saß. Es gibt ja immer noch die Vermutung, dass Saint-Exupéry aufgrund seines hohen Alters und seiner vielen Flugunfälle vorher schon im Grunde flugunfähig gewesen sein soll. Hielten Sie es für möglich, dass dieser Pilot bewusstlos oder besinnungslos gewesen sein kann?

H.R.: Sicher. Er war ein bisschen unnormal. Denn als Aufklärer im Kriege dort so bescheiden zu fliegen, war natürlich überraschend.

176

L.v.G.: Inwiefern hat sich das geäußert? Waren die Flugmanöver in irgendeiner Form ungewöhnlich?

H.R.:   Es war irgendwie so seicht. So bescheiden, wollen wir mal so sagen. Und wenn Sie so im harten Luftkampf drin sind und das auch gewohnt sind, dann war das eben dafür abnormal.

L.v.G.: Wissen Sie ungefähr noch die Höhe, auf der Sie sich befunden haben?

H.R.:   Etwa 2000 Meter vielleicht. Für eine *P-38* war das viel zu tief. Das war doch ein Fressen. (Schüttelt ratlos den Kopf.) Sie haben doch mein Buch gelesen.

L.v.G.: Ja. Dort schreiben Sie, sehr froh gewesen zu sein zu erfahren, dass Sie nicht der Schütze gewesen sind, der Antoine de Saint-Exupéry abgeschossen hat. Spielen Sie damit auf die Geschichte an, die in den 70er-Jahren im *Jägerblatt* veröffentlicht wurde und in der zeitweilig ein Pilot namens Heichele als Schütze galt?

H.R.:   Wüsste ich jetzt nicht.

L.v.G.: Was war der Hintergrund dafür, dass Sie sich entlastet gefühlt haben?

H.R.:   Durch die vielen Fragen, die damit aufgekommen sind. Und ich wollte es los sein.

Am Ort des Geschehens

Ich lernte Lino von Gartzen im Frühsommer 2007 kennen. Nachdem er mir die Geschichte von dem Prinzen, dem Piloten und Antoine de Saint-Exupéry in allen Einzelheiten erzählt hatte, beschloss ich, mich tiefer in die Materie einzuarbeiten, um zu überlegen, wie wir daraus ein Buch machen könnten.

Schnell wurde mir klar, dass es Lino von Gartzen nicht darauf ankam, Horst Rippert als Täter bloßzustellen und seine Version des Geschehens als letztgültige Wahrheit zu präsentieren. Doch war ebenso klar, dass alle Indizien so schlüssig schienen, dass es ebenfalls nicht möglich war, Ripperts Geschichte aus einem Bericht über die Erforschung des Wracks von Saint-Exupéry auszuklammern. Diese Einigkeit darüber, dass wir auf der einen Seite auf eine Geschichte gestoßen waren, die wir für wert hielten, erzählt zu werden, und uns auf der anderen Seite nicht als Verkünder letztgültiger Wahrheiten aufspielen wollten, überzeugte mich schnell, dass wir gut miteinander arbeiten konnten.

Wir fuhren nach Frankreich, um Luc Vanrell und Philippe Castellano zu treffen und den Ort des Geschehens noch einmal gemeinsam in Augenschein zu nehmen.

Aus den Tagen in Frankreich ragt ein Erlebnis heraus: Wir fahren von der üppigen Gegend um Hyères in die karge Felslandschaft um Marseille. Wir sind zu dritt: Lino, ich und Klaus Fischer, der Lino bei der Recherche über die Jagdgruppe Süd und 200 behilflich gewesen war. Irgendwo am Straßenrand sehen wir ein Plakat mit der Ankündigung eines Konzerts von Ivan Rebroff. Wir deuten dies scherzhaft als eine Verbindung zwischen unserem Ziel und dem Bruder Ivan Rebroffs. Und wie es bei solchen Scherzen üblich ist, lacht man verhalten darüber, weiß um die Bedeutungslosigkeit des Zufalls und glaubt der Vernunft zum Trotz insgeheim dennoch, dass jenes Zeichen am Wegesrand nicht ohne Grund in diesem Moment an ebendiesem Ort aufgetaucht ist.

Luc telefoniert, als wir in seinem Büro ankommen. Wir sehen uns in der ehemaligen Tauchschule um. In den düsteren scheunenartigen Räumen, deren Böden mit altem Teppich ausgelegt und deren Wände mit dunklem Holz verkleidet sind, ist an den Dachbalken achtlos historisches Tauchgerät angebracht, alte Atemgeräte, poröse Schläuche und Flossen. An einem Treppenabsatz, dessen Stufen zu einem Speicher führen, stehen einige

Pokale, auf dem Tisch liegt ein großes Gehäuse, in der eine Spiegelreflexkamera für den Einsatz unter Wasser eingeschraubt werden kann. Der letzte Raum ist eine Werkstatt. Hier liegen Motorteile, weitere Pressluftflaschen, Seile und was noch so alles mit dem Tauchsport zu tun hat.

Als Luc sein Telefonat beendet hat, begrüßt er uns und bittet uns in sein Büro. An den Wänden hängen Fotos des Wracks von Antoine de SaintExupéry, Bilder vom Besuch des Prinzen zu Bentheim und einige Unterwasseraufnahmen. In den Schränken stehen Ordner, deren Rücken beschriftet sind: Bentheim, Rippert, Saint-Exupéry. Als wären es Fotoalben von Familienmitgliedern.

Nach einer kurzen Unterhaltung fahren wir mit dem Auto die kurze Strecke zum Hafen. Hier befindet sich neben zahlreichen Yachten auch die staatliche Tauchschule Marseilles. Es ist kein glamouröses Stück Hafen an diesem östlichen Ende Marseilles, an dem auch Lucs Tauchboote liegen: zwei lange Schlauchboote, von denen wir eines besteigen und einige hun-

Claas Triebel, Luc Vanrell und Klaus Fischer (v.l.n.r.) bei der Île de Riou

179

dert Meter hinausfahren, um dann die Bucht von Marseille an der östlichen Landspitze hinter uns zu lassen. An dieser Spitze sehen wir die winzige romantische Hafenbucht Cap Croisette, in der der Krimikommissar Fabio Montale des Marseiller Schriftstellers Jean-Claude Izzo wohnt. Wir schlängeln uns durch eine Enge zwischen dem Festland und einer kleinen hoch aufgeschossenen Insel, auf deren Gipfel wir eine kleine Bunkeranlage bemerken. Überhaupt sieht man, sobald man einen Blick dafür gewonnen hat, vom Wasser aus zahllose Bunker auf dem Festland. Es ist wie ein Kippbild.

Wir steuern zunächst auf den kleinen Badestrand Calanque de Marseilleveyre zu, der auf dem Landweg nur über eine Schotterstraße zu erreichen ist. Dort, am Ende der Stichstraße, haben Aussteiger ein kleines Lokal eröffnet. Am Strand liegen einige Touristen. Über einer der Hütten weht eine korsische Flagge. In der Bucht liegen ein paar Fischerboote vor Anker. Wir essen eine Kleinigkeit, trinken ein Bier und sprechen über Antoine de Saint-Exupéry und die Zeit, in der er hier abgestürzt ist. Mit einem Gast vom Nebentisch entwickelt sich ein Gespräch über den Zweiten Weltkrieg, als Franzosen mit Engländern gegen Deutsche und französische Truppen in Afrika und Franzosen mit Amerikanern gegen Deutsche in Frankreich gekämpft haben, wo wiederum französische Milizen Jagd auf französische Partisanen machten. In der kurzen Diskussion wird deutlich, dass man die Bevölkerung des besetzten Frankreichs nicht in Angehörige von Kollaboration oder Résistance einteilen kann, sondern die Situation ungleich komplexer war. Sowohl die Schilderungen Horst Ripperts, der sich als Soldat in Frankreich von den Franzosen gelitten fühlte, als auch die Position Saint-Exupérys, der sich weder den Pétainisten noch den Gaullisten anschließen wollte, werden besser verstehbar.

Nach dem Essen fahren wir mit dem Boot auf die Île de Riou zu, die wenige Kilometer vor der kleinen Bucht liegt, an der wir gerade haltgemacht hatten.

Auf der dem offenen Meer zugewandten Seite der Inselgruppe stellt Luc den Motor aus und zeigt auf die Wasserfläche. Die See ist azurblau und glitzert klar um und unter uns.

Der Ort des Geschehens

Hier stürzte Alexis Prinz zu Bentheim und Steinfurt am 2. Dezember 1943 ins Meer und am 31. Juli 1944 Antoine de Saint-Exupéry. Die Felsen machen den Ort zu einer dramatischen Bühne. Abgesehen davon ist die Wasseroberfläche ereignislos. Es wird klar, wie unwahrscheinlich es ist, irgendwo in diesem Nirgendwo von Wasser gezielt nach einem bestimmten Flugzeug zu suchen. Es ist an sich ein aussichtsloses Unterfangen. Bedenkt man zudem die eingeschränkte Sichtweite in größerer Tiefe, ist die Vorstellung, man könne Jahrzehnte nach einem Absturz ein Flugzeug finden, von dem man nicht einmal weiß, ob es vor Marseille, vor Toulon, vor Saint-Raphaël oder gar in den Alpen abgestürzt ist, geradezu lächerlich.

181

Es ist eine Verkettung von Zufällen, die sich hier ereignet haben. Auch wird klar, was für ein Zufall es ist, wenn zwei Flugzeuge an ein und derselben Stelle ins Wasser stürzen. Warum sind Alexis zu Bentheim und Antoine de Saint-Exupéry nicht 500 Meter voneinander entfernt niedergegangen? Oder 800 Meter? Oder zwei oder 20 Kilometer? Es gibt keine Antwort auf diese Fragen. Es ist nun einmal so, wie es ist: Hier stürzte der deutsche Pilot Alexis zu Bentheim ab und einige Monate später der französische Pilot Antoine de Saint-Exupéry. Und wenn es dieses unwahrscheinliche Zusammentreffen der beiden Flugzeuge am selben Ort nicht gegeben hätte, dann wäre auch die Spur zu demjenigen, der vermutlich seinen eigenen Helden vom Himmel geholt hat, niemals aufgedeckt worden.

So sitzen wir gedankenvoll auf dem breiten Schlauch des Bootes und lassen uns von der Dünung wiegen und blicken auf die Felsen, ob sich vielleicht dort eine Spur finden könnte, die auf den Aufprall eines Flugzeugs schließen lassen könnte. Aber wir sehen keine Zeichen an diesen grauen Steinen, die hier seit Menschengedenken und noch viel länger unverändert aus dem Wasser ragen, und blicken an ihnen vorbei auf die unbesiedelte Küste des Festlandes, an der keine Straße und kein Strommast zu entdecken ist. In über 60 Jahren hat sich nichts Sichtbares an diesem Ort verändert. Seit 2005 ist das Gebiet um die Île de Riou maritimes Schutzgebiet. Die Insel darf nicht mehr betreten und auch die Gegend an der Absturzstelle nur noch mit besonderer Genehmigung betaucht werden. Nach den Einschlägen zweier Flugzeuge, nach zahllosen Tauchgängen Jacques Cousteaus und seiner Mannschaft und Jahrzehnte später von Luc Vanrells Forschungsteam ist nun Ruhe eingekehrt unter Wasser.

Lino erzählt noch einmal, wie es war, als der alte Prinz zu Bentheim mit dem Filmteam hierher reiste, um sich von seinem Bruder zu verabschieden. Wie wacker der über 80-Jährige über die schroffen Felsen kletterte, um zu sehen, wo sein Bruder gefunden worden war. Und wie er zuvor, als sie mit dem Boot an ebenjenem Ort standen, an dem wir uns jetzt, über den Trümmerfeldern der beiden Wracks, befinden, ein Band mit den Farben der Familie ins Wasser hatte gleiten lassen, um seinem Bruder eine letzte Ehre zu erweisen.

Luc lässt den Motor wieder an und wir fahren einmal um die Île de Riou herum. Zum Abschluss spielt uns unsere Fantasie einen Streich. Klaus zeigt auf einen runden Findling, der auf einem Podest hoch oben auf dem Felsen in die Höhe ragt. Und als er uns beschreibt, wie dieser Felsen aussieht, erkennen auch wir, was er meint: ein Kopf, der auf einem steinernen Hals ruht. Man erkennt das Gesicht dieser Figur. Es ist das Gesicht eines Mannes, der gen Himmel blickt. Das Gesicht hat eine spitze Nase und Pausbacken. Und tatsächlich könnte man einen Moment lang

Felskopf auf der
Île de Riou

meinen, dieses jungenhafte Gesicht sei eine riesenhafte Skulptur, die ein bisschen so aussieht wie Antoine de Saint-Exupéry. Doch als wir etwas weiter gefahren sind und wir Brocken aus einer anderen Perspektive betrachten, können wir gar nicht mehr erkennen, was wir soeben zu sehen geglaubt haben.

Dann geht es mit dem Boot zurück nach Marseille. Wir springen über die Wellenberge, die noch immer sanft, doch zum Abend hin höher als am Vormittag unter uns hinwegrollen. Wir fahren an der Küste entlang und merken, sobald der Fahrtwind etwas schwächer wird, dass wir auf dem Wasser etwas zu viel Sonne abbekommen haben. Wir legen an, packen unsere Sachen vom Boot ins Auto und wollen uns von Luc verabschieden. Doch wir kommen nicht los. Immer wieder geht es in unseren Gesprächen um Antoine de Saint-Exupéry, um das Abwägen von kleinen Einzelheiten, um ein Buch, das in Frankreich über Saint-Exupéry erscheinen soll, über den Dokumentarfilm, der über das ganze Projekt gedreht wird. Und es geht um die Frage, welche Indizien Horst Ripperts Verdacht stützen.

Argumente und Fakten

Wir konnten zunächst festhalten, dass er aufgrund der Aktenlage im betreffenden Zeitraum tatsächlich in Südfrankreich in der Jagdgruppe 200 stationiert gewesen war. Er berichtet, er sei am 31. April 1944 vom Flugplatz Marseille-Marignane gestartet. Den Unterlagen zufolge war er an jenem Tag jedoch in Aix-les-Milles stationiert. Dies schien zuerst ein Widerspruch. Einerseits bestand die Möglichkeit, dass sich Rippert in diesem Detail einfach irrte. Er war vor 60 Jahren an beiden Flugplätzen jeweils mehrere Monate eingesetzt gewesen. Sieht man sich zudem die

Lage der beiden Flughäfen auf der Karte an, erkennt man, dass beide – westlich bzw. nordwestlich – am Stadtrand Marseilles gelegen sind und sich in nur zwölf Kilometer Entfernung voneinander befinden.

Verschiedenen Quellen zufolge konnte es durchaus vorkommen, dass einzelne oder mehrere Flugzeuge aus den unterschiedlichsten Gründen kurzfristig auf einem anderen Flugplatz Station machten. »Bei unmittelbarer Bedrohung durch gegnerische Jäger, die besonders beim Landeanflug gefährlich werden konnten, wurden die Piloten zur Außenlandung aufgefordert«, berichtet ein 1944 ebenfalls in Südfrankreich stationierter Pilot.

Am 31. Juli 1944 flogen zahlreiche alliierte Jäger im Raum Marseille. Es fanden auch Angriffe auf einen Flughafen statt. Mindestens dreimal waren daher an diesem Vormittag deutsche Jagdflieger bei Marseille gestartet und gelandet. Für diese bestand die Möglichkeit, den nahe gelegenen Flugplatz Marignane als alternativen Landeplatz zu nutzen. Unseren Recherchen zufolge wurde Marignane erst am 3. August 1944 aufgegeben.[63]

Horst Rippert konnte detailliert Auskunft über die Geschehnisse am 31. Juli 1944 geben. Er hatte sowohl beim ersten Gespräch mit Lino von Gartzen als auch beim Interview mit dem Filmteam genau beschrieben, was geschehen war: Er hatte eine *P-38 Lightning* gesichtet, die ungewöhnlich tief flog und auffällige Manöver vollführte. Er konnte sowohl den Flugzeugtyp sicher bestimmen als auch die französische Kokarde, die kennzeichnete, dass hier ein Franzose mit amerikanischem Gerät flog. Der angegebene Zeitraum zwischen 11 Uhr und 12 Uhr stimmte mit dem Zeitpunkt überein, zu dem Saint-Exupéry sich in der Absturzgegend befunden haben muss. Und auch der von Rippert angegebene Ort – zwischen Marseille und Toulon – entsprach dem Fundort des Wracks Antoine de Saint-Exupérys. Den Fundort des Wracks hatte er im Jahr 2004 aus der Zeitung erfahren. Natürlich kann man an dieser Stelle auf den Gedanken kommen, er hätte sich die Geschichte nur ausgedacht. Aber warum sollte er das tun? Welchen Vorteil könnte es ihm bringen, eine solche Geschichte an die Öffentlichkeit zu tragen?

Den Verdacht, er könnte Saint-Exupérys Maschine abgeschossen haben, hält er bereits 1998 in seinen Aufzeichnungen fest, also sechs Jahre vor Bekanntwerden des Absturzortes. Aber warum hätte er mit seinem Verdacht von sich aus die Öffentlichkeit suchen sollen? Warum hätte er dies auch in den Jahrzehnten zuvor tun sollen? Horst Rippert wurde durch einen Zufall mit der Vergangenheit konfrontiert. Er hatte mit dem Thema Saint-Exupéry längst abgeschlossen und war erst 2004 wieder mit dem Verdacht konfrontiert worden, für den Tod des Schriftstellers verantwortlich zu sein. Dazwischen lagen Jahrzehnte einer deutschen Nachkriegsbiografie, in der das Stürmen und Verdrängen sinnvoller erschien als die Aufarbeitung der Vergangenheit. Durch das Verschweigen wird Vergessenes allmählich zu Nicht-Geschehenem.

Welchen besseren Anlass als den unvermuteten Anruf eines Unbekannten könnte man sich vorstellen, das Geheimnis, das man ein Leben lang für sich bewahrt hat, endlich preiszugeben? Geständnisse fallen im Beichtstuhl leichter, als wenn man sie Auge in Auge mit einer vertrauten Person aussprechen muss.

Die Öffentlichkeit hat Horst Rippert niemals gesucht, sondern sich erst nach längerem Zögern dazu entschlossen, vor der Kamera zu sprechen. Er selbst betont immer wieder, er habe eine *P-38 Lightning* abgeschossen und befürchtet, es könnte die von Antoine de Saint-Exupéry gewesen sein. Im Interview können wir nachlesen, dass er zwischenzeitlich bei dem Gedanken, die Sache könnte an die Öffentlichkeit geraten, das Gespräch abbricht.

Horst Rippert beschrieb die »Biegen«, die der Pilot der *P-38 Lightning* geflogen habe. Dieses auffällige Flugverhalten kann mehrere Ursachen haben: Da Saint-Exupéry seinen Oberkörper nicht mehr richtig bewe-

Antoine de Saint-Exupéry legt seine Ausrüstung mit Hilfe des Bodenpersonals an.

gen konnte, flog er möglicherweise Kurven, um einen von hinten nahenden Jagdflieger sehen zu können. Möglich ist auch ein technischer Defekt wie ein Ausfall des Mutterkompasses. Vielleicht waren es auch physische Probleme. Die Ursachen für das Flugverhalten werden sich vermutlich nie eindeutig bestimmen lassen. Wichtiger als die Ursache ist für unsere Prüfung vor allem die Nennung dieser Besonderheit durch Horst Rippert.

Relativ sicher können wir annehmen, dass Saint-Exupéry tatsächlich abgeschossen worden ist und nicht nur aufgrund eines technischen Defekts niederging. Das Wrack ist beim Aufprall in so viele Teile zersprungen, dass eine genaue Rekonstruktion der Ereignisse anhand der bislang geborgenen Teile nicht möglich war. Die Untersuchungen dieser Teile haben aber Aufschluss über zwei Details gegeben: Der Absturz geschah mit hoher Geschwindigkeit und senkrecht. Ein solcher Absturz geschieht eher bei einem Abschuss als bei einem technischen Defekt an der Maschine. Horst Rippert beschreibt, wie das Flugzeug senkrecht ins Meer stürzte.

Horst Rippert gibt an, er habe gezielt nur auf die Flächen, nicht aber auf den Piloten geschossen. Wenn er also nur die Flügel getroffen hatte und sich wunderte, warum der Pilot nicht ausstieg, so finden wir auch in einem Brief, den Saint-Exupéry im Jahr 1943 an seine Frau Consuelo schrieb, eine Erklärung:

> Schau Consuelo, ich bin 42 Jahre alt. Ich habe eine Menge Unfälle erlitten. Nicht einmal mit dem Fallschirm kann ich mehr abspringen.[64]

Seit dem Absturz in Guatemala City konnte sich Saint-Exupéry nicht einmal mehr selbstständig die Fliegermontur anlegen. Da er den rechten Arm nicht mehr über Schulterhöhe heben konnte, war es ihm auch nicht möglich, den Mechanismus für die Öffnung der Pilotenkabine zu betätigen, um mit dem Fallschirm auszusteigen.

Nachdem wir all diese Überlegungen angestellt hatten, kamen wir vorerst zu dem Schluss, dass alle Indizien für die Version Horst Ripperts sprachen. In seinen Schilderungen konnte kein Widerspruch zu den Ereignissen gefunden werden.

Doch gab es offene Fragen:

Horst Rippert berichtete, er sei an jenem Tag allein geflogen. Er habe den Abschuss sofort über Funk gemeldet. Gab es vielleicht Aufzeichnungen über diesen Funkspruch? Warum kann er sich gerade an das Datum 31. Juli 1944 erinnern?

Die Flugroute Saint-Exupérys hätte plangemäß nicht über Marseille geführt. Warum flog er dort? Warum flog er so niedrig?

Mit diesen Fragen im Gepäck fuhren wir zurück nach Deutschland, wo sich Lino von Gartzen wieder an die Recherchen machte, um die Arbeit am Rätsel um den Prinzen, den Piloten und Antoine de Saint-Exupéry nun bald zu einem Ende zu bringen.

Die Pressemeldung

Der Name Horst Rippert gelangte erstmals in den ersten Märztagen 2008 in die Presse. Am 27. Februar 2008 war sein jüngerer Bruder Hans-Rolf Rippert, der unter dem Namen Ivan Rebroff berühmt geworden war, gestorben. Eine Sonntagszeitung vermeldete, Horst Rippert sei darum bemüht, sich das Erbe seines Bruders anzueignen. Wir konnten keinerlei Belege für diese Behauptung finden. Etwas anderes fiel uns jedoch in diesen Tagen auf: Hans-Rolf Rippert war am 31. Juli 1931 geboren. Dass der 31. Juli 1944 der Geburtstag seines Bruders war, machte es nur wahrscheinlicher, dass Horst Rippert sich an den Abschuss einer Maschine an diesem Tag als markantem Datum erinnerte.

Am Abend des 15. März 2008 veröffentlichte die französische Nachrichtenagentur AFP die Meldung, mit Horst Rippert sei der mutmaßlich Verantwortliche für den Tod Antoine de Saint-Exupérys aufgetaucht. Die Meldung erfolgte im Kontext der Ankündigung eines Buches von Luc Vanrell und dem Journalisten Jacques Pradel, das eine Woche später erscheinen und die Ereignisse um das Verschwinden Saint-Exupérys aus französischer Sicht schildern sollte. Hier sollte auch, in Abstimmung mit Lino von Gartzen, die Aussage Ripperts zum ersten Mal veröffentlicht werden.

In den Tagen nach der Veröffentlichung der Pressemeldung ging die Nachricht um die Welt. Luc Vanrell und Lino von Gartzen gaben zahlreiche Interviews. Auch Horst Rippert stellte sich zwei Tage lang dem Ansturm der internationalen Presse, bevor er sich weiteren Auskünften aus gesundheitlichen Gründen verweigerte. Auffällig war, dass er sich auch in diesen öffentlichen Äußerungen niemals widersprach. Die Details seiner Schilderung blieben immer gleich und konsistent. Außerdem stellten wir erleichtert fest, dass er in den Medien nicht als deutscher Mörder dargestellt, sondern ihm die Würde belassen wurde. Die in manchen Berichten zu lesende Kritik erwies sich als wenig fundiert. Es tauchten keine Argumente auf, die den Aussagen Ripperts widersprachen. Auch seine Glaubwürdigkeit wurde weitgehend nicht in Zweifel gezogen.

Die Präsentation des Buches in Paris wurde vom Großneffen Antoine de Saint-Exupérys, Olivier d'Agay moderiert, der die Forschungsergebnisse bereits vor der Publikation direkt von Lino von Gartzen und Luc Vanrell erfahren hatte. Olivier d'Agay war in den vergangenen Jahrzehnten bereits mit vielen Theorien um das Verschwinden seines Großonkels konfrontiert worden. Im privaten Gespräch wie auch vor der Presse stellte er fest, dass die Recherchen der beiden die aus seiner Sicht bislang überzeugendste Hypothese hervorgebracht habe.

Letzte Erkenntnisse

Dann tauchte eine neue Information über eine Meldung der Radarstation *Falter* auf, die Hinweise auf den letzten Flug Saint-Exupérys enthielt. Die Meldung war bereits in verschiedenen anderen Quellen genannt worden und stimmte im Kern immer überein: Um 11.00 Uhr erfasste die deutsche Radarstation *Falter* bei Lyon ein schnelles, hoch fliegendes Flugzeug in der Region Grenoble. Das Flugzeug flog danach in Richtung Süden und konnte nicht mehr erfasst werden. Zu diesem Zeitpunkt hatte kein anderer Pilot als Antoine de Saint-Exupéry den Auftrag, von Süden her in das von *Falter* überwachte Gebiet zu fliegen und dann wieder Richtung Süden abzudrehen. Die Originalmeldung ist jedoch nicht mehr erhalten.

Im Zuge der Recherchen über die Geschichte des Robert Heichele hatte Lino von Gartzen Kontakt zur Familie des ehemaligen Kommandeurs der Jagdgruppe 200, Kroeck, geknüpft und verschiedene Dokumente aus dem Privatarchiv des bereits verstorbenen französischen Forschers Clement Fereyre erhalten.[65] Fereyre war im Sommer 1944 Mitglied der GMO (Groupe Mobile des Opérations) gewesen. Diese französische Einheit der Résistance, von England mit Waffen und Befehlen versorgt, war im Raum Chazelles-sur-Lyon aktiv, um gegen die verbliebenen deutschen Besatzer zu kämpfen und die Invasion zu unterstützen. In diesem Zusammenhang kam es auch zu Operationen gegen die deutsche Radarstation *Falter*. Auf beiden Seiten gab es Verluste und Vermisste, denn weder deutsche Soldaten noch französische Partisanen konnten im Falle einer Gefangennahme mit Gnade rechnen. So wurden nach Gefechten und Überfällen die Toten einfach an Ort und Stelle begraben, Gefangene, die später über die Grabstellen hätten Auskunft geben können, wurden in den seltensten Fällen gemacht.

Neben diesen Schicksalen beschäftigte sich Clement Fereyre ab 1970 auch mit dem Verschwinden Saint-Exupérys. Fereyre war nach dem Krieg lange Zeit Flugzeugmechaniker bei der französischen Luftwaffe gewesen und hatte eine Leidenschaft für die Fliegerei entwickelt.

In seinem Buch über die Aktivitäten der Résistance und die Kämpfe rund um die Radarstation *Falter* im Herbst 1944 findet sich im Anhang ein kurzer Hinweis über die Ergebnisse der Nachforschungen zu Saint-Exupéry. Diese Informationen decken sich mit den bereits bekannten, geben aber noch zusätzliche Hinweise über das auffällige Flugverhalten der *P-38*: »effectuant virages et piques« (»die Kurven und Sturzflüge ausführte«).[66]

Als Informationsquelle ist Karl Otto Hoffmann angegeben, zudem ein Quellverweis auf eines seiner Bücher mit einer präzisen Darstellung der *Falter*-Meldung:

> *Mit dem Freya-Gerät wurde am 31.07.1944, gegen 11:00 Uhr neben anderen Flugzeugen im Bereich ein Einzelflugzeug unter Kontrolle genommen, das gerade in etwa 120–140 km Entfernung zwischen den Städten Grenoble und Annecy über dem Departement Savoyen, im Osten der Stellung, auf- und wegtauchte. Das Flugzeug wurde an den Fliegerführer Südfrankreich (Oberst Vollbracht, Nafü Oberst Klee) in Avignon weitergemeldet. Etwas später geriet es außer Kontrolle von »Falter« und war in südlicher Richtung verschwunden.*[67]

Diese Angaben des Militärhistorikers Hoffmann erscheinen sehr glaubhaft, er war selbst im Krieg Offizier der Luftnachrichtentruppe gewesen. Vermutlich sind die kursierenden Informationen über die Radarstation *Falter* auf ihn zurückzuführen. Ob er diese genauen Informationen dem Umstand verdankt, dass er jahrelang gemeinsam mit Fereyre über das Schicksal der Soldaten ebendieser Radarstation *Falter* recherchiert und Kontakt zu Überlebenden und deren Angehörigen aufgenommen hat, konnten wir nicht prüfen. Französische Aufzeichnungen bestätigen die Meldung der Radarstation.[68] In seinem Buch stellt Hoffmann eine sehr präzise Vermutung an:

> *Ob es wohl eine Me 109 der gerade aufgestellten Jagdgruppe 200 des Major Kroeck war, die von Aix-en-Provence aus die Lightning des berühmten Franzosen aufstöberte?*[69]

192

Deutsche Radarstation
an der französischen
Küste

Nach einem weiteren Abgleich der Angaben Horst Ripperts über Start-
zeitpunkt und Abschuss mit dem Start Saint-Exupérys und dessen
Zielgebiet und Fluggeschwindigkeit zeigte sich: Die Daten passten zueinander. Saint-Exupéry muss sich zu dem von Rippert angegebenen
Abschusszeitpunkt tatsächlich in der Gegend zwischen Marseille und
Toulon befunden haben. Somit hatte Lino einen handfesten Hinweis auf
den letzten Flug Saint-Exupérys gefunden, der mit Ripperts Angaben
übereinstimmte.

Der Aufklärungsflieger Georg Pemler veröffentlichte 1993 im *Jägerblatt*
einen Artikel über den letzten Flug Antoine de Saint-Exupérys, in dem
er seine Nachforschungen über das Verschwinden Saint-Exupérys unmittelbar in den Tagen nach dem 31. Juli 1944 beschreibt.[70] Auslöser seiner Recherchen sei ein unverschlüsselter Funkspruch der Alliierten
gewesen, der am 2. oder 3. August vom deutschen Funkhorchdienst ab-
gefangen wurde. Dieser habe zum Inhalt gehabt, dass Saint-Exupéry seit
dem 31. Juli 1944 mit seiner *P-38* vermisst würde. Auch hier findet sich
eine Bestätigung zu Ripperts Aussage: »Es wurden natürlich die Nachrichtendienste abgehört und wir haben auch den Sender gehört. Und da

wurde natürlich auch durchgegeben, dass die *P-38*, Doppelrumpf *Lightning* nicht zurückgekommen ist und da war unser Dichter, Schriftsteller und Könner Saint-Exupéry drin.«

Außer der Meldung, die Maschine Saint-Exupérys sei von der Radarstation *Falter* und später noch von einem Stützpunkt bei Castellane gesichtet worden, hatte Pemler damals keine weiteren Hinweise über den Verbleib Saint-Exupérys gefunden. Doch er führt noch eine weitere Beobachtung an, die für uns von Belang ist. So schreibt er von der nachträglichen Meldung eines Unteroffiziers einer Flak-Batterie am Ostrand von Toulon:

Ein zweimotoriges Flugzeug mit merkwürdigen Pendelbewegungen über unsere Batteriestellung Richtung See.[71]

Sowohl der Ort als auch die Beobachtung stimmen mit den Aussagen Ripperts überein. Die Pendelbewegungen können neben der Vermutung, Saint-Exupéry wollte sich Übersicht über etwaige Verfolger verschaffen, auch einen technischen Grund haben, den wir erst im März 2008 erfuhren. Ein bekanntes technisches Problem der *P-38 Lightning* war der zeitweilige Ausfall des Mutterkompasses. Dieser war für Aufklärungsflüge unerlässlich, da die Brennweite der Hauptkameras an der Maschine fest eingestellt war und das Fotografieren nur aus der jeweils eingestellten Höhe bei einer konstanten Geschwindigkeit und vor allem konstanter Flugrichtung erlaubte. Bei einem Ausfall des Mutterkompasses fehlten die erforderlichen exakten Daten für die Bestimmung der Flugrichtung. Die einzige Möglichkeit, einer solchen Mission noch einen Sinn zu verleihen, bestand darin, auf Sicht zu fliegen und noch einige Aufnahmen mit einer zweiten Garnitur kleinerer, nach vorne gerichteter Kameras zu machen. Für Aufnahmen mit diesen nach vorne gerichteten Kameras musste die sichere Flughöhe von 10 000 Metern jedoch verlassen werden. Außerdem war die *P-38* so gebaut, dass der Pilot bei geradem Flug nur schlecht aus dem Cockpit nach unten sehen konnte. Er musste also Pendelbewegungen fliegen, um den eigenen Kurs mithilfe natürlicher Orientierung anhand geografischer Merkmale bestimmen zu können.

Somit haben wir durch die zitierte Beobachtung eine mögliche Erklärung für die niedrige Flughöhe von etwa 2000 Metern, die Horst Rippert für die von ihm abgeschossene *P-38* angegeben hat. Auch die Flugroute in der Gegend von Marseille und Toulon, die nicht auf dem direkten Rückweg von Grenoble nach Korsika lag, lässt sich erklären. Saint-Exupéry wusste, dass ihm mit Sicherheit kein weiterer Aufklärungsflug genehmigt werden würde, sollte er ohne Ergebnisse nach Bastia-Borgo zurückkehren. Falls seine Mission um Grenoble-Annecy tatsächlich gescheitert war, wären Bilder aus der Gegend von Toulon und Marseille eine angemessene Möglichkeit gewesen, seinem Einsatz noch einen Sinn zu geben und mit kostbaren Bildern der beiden wichtigsten Flottenstützpunkte Südfrankreichs zurückzukehren. Es handelt sich dabei nur um eine Annahme. Doch alle genannten Fakten stützen die Aussage Horst Ripperts und lassen sie wahrscheinlich erscheinen.

Es gab mehrere Dokumente aus deutschen Archiven, die die alliierten Aktivitäten im Luftraum über Südfrankreich am 31. Juli 1944 beschrieben.[72] Informationen über Einsätze deutscher Jagdflieger an diesem Tag konnten jedoch nicht gefunden werden. Deshalb wandte sich Lino von Gartzen auch an Flugzeughistoriker im Ausland. Im April 2008 bekam er von einem englischen Forscher Unterlagen des britischen Nachrichtendienstes.[73] Sie enthielten die Information, dass im fraglichen Zeitraum, am Vormittag des 31. Juli 1944, dreimal deutsche Jagdflugzeuge im Raum Marseille gestartet waren. Von einem französischen Forscher kam noch die Meldung einer französischen Jagdfliegereinheit hinzu, dass deutsche Jagdflugzeuge um 11.30 Uhr zwischen Marseille und Toulon gesichtet wurden.[74]

Somit lagen nun zwei offizielle Meldungen darüber vor, dass sich an diesem Tag in jener Gegend um jene Uhrzeit deutsche Jagdflieger in der Luft befunden haben.

Bruno Faurite ist ein Freund der Familie Saint-Exupéry. Er ist ehemaliger Pilot und Experte für die Untersuchung von Flugzeugabstürzen. Aus diesem Grund wurde er von der Familie d'Agay gebeten, mit dem Forscherteam zusammenzuarbeiten, um der Spur Horst Rippert nachzugehen und sie zu prüfen. Im April 2008 besuchten er und Lino von Gartzen gemeinsam das Militärarchiv Freiburg, um ihm den Zugang zu diesem Archiv zu erleichtern. Im Gegenzug erhielt Lino aus dem Familienarchiv Saint-Exupéry zwei Dokumente zur Prüfung. Das erste war eine Kopie des Originalschriftzugs der Meldung von Hermann Korth. Anhand dieser konnte Lino nun zwar bestätigen, dass die vielfach aus zweiter und dritter Hand stammenden Zitate der Notiz den Tatsachen entsprachen, er konnte dem Schriftstück aber keine weiteren Erkenntnisse entnehmen. Das zweite Dokument und seinen Inhalt kannte er dagegen noch nicht: einen Artikel aus der Zeitung *Croix du Nord* aus dem Jahr 1964, in dem ein deutscher Luftwaffensoldat namens Hans Leims interviewt wird.

Leims war im Juli 1944 als Funkhorcher auf dem Mont Angel bei Nizza eingesetzt. Im Interview gibt er an, am späten Vormittag des 31. Juli 1944 einen englischen Funkspruch mit starkem französischen Akzent abgehört zu haben. In seinem Interview zitiert Leims die Meldung wie folgt:

> *Ce pilote a dit <Ils (ou il) s'ápprochent (ou approchent) du soleil … Je vais essayer d'échapper> Quelques secondes plus tard, j'ai entendu: <Ils approchent très vite> Encore après: <je ne crois pas … je ne pense pas …> Ce fut tout.*[75]

La Croix du Nord

ÉDITION RÉGIONALE DE LA CROIX ☆ QUOTIDIEN CATHOLIQUE D'INFORMATION

85ᵉ année — Nᵒ 24 894   0 F 30   Samedi 31 octobre 1964

● *Une des dernières photos de Saint-Exupéry (en haut, à gauche) qui, à 43 ans, venait de reprendre du service en Afrique du Nord.*
● *M. Hans Leims (ci-dessus, à gauche) déclare : « J'ai entendu le pilote parler en anglais, mais avec un fort accent français... »*
● *Ci-dessus : sous le plan d'un appareil du groupe 2/33, Antoine de Saint-Exupéry (de dos, en combinaison de vol) s'entretient avec le capitaine Gavoille (à gauche).*

Du nouveau sur la mort de Saint-Exupéry ?

Voici le témoignage inédit d'un ancien radio de la Lutfwaffe

PARTI de Bastia le 31 juillet 1944, pour une mission de reconnaissance, Antoine de Saint-Exupéry a disparu sans laisser de trace. Comme Guynemer et Mermoz...

On ne sait où ni pourquoi son appareil est tombé. Au-dessus de la Méditerranée ou des Alpes ? Par suite d'une panne d'oxygène ou abattu par un chasseur de la Luftwaffe ? Les plus fiévreuses enquêtes n'ont abouti qu'à des hypothèses en pointillé.

Vingt ans après les faits, un heureux hasard nous permet de verser au dossier un témoignage inédit sur la fin de l'auteur de Terre des hommes. C'est le témoignage

d'un Allemand qui, à l'époque, servait sous l'uniforme de la Luftwaffe dans un poste d'écoute établi sur la Côte d'Azur.

Les mots qu'il a entendus résonner dans ses écouteurs lui ont apparu par la suite comme étant probablement le dernier message de Saint-Ex ; en ce cas, celui-ci aurait été descendu en mer.

Faisons d'abord l'inventaire des pièces françaises et allemandes qui figuraient jusqu'à présent dans ce dossier.

Malgré son âge — il était né avec le siècle, ce qui est déjà beaucoup pour un pilote de guerre, — Saint-Exupéry avait fait des pieds et des mains pour reprendre du ser-

vice ; en mai 1943, il fut affecté au groupe 2/33, placé sous commandement américain à Oujda. Les quatre galons de commandant cousus sur son calot bleu, le pilote-écrivain suivit son unité en Sardaigne puis en Corse, au gré des opérations alliées.

Quinze jours avant le débarquement franco-américain en Provence, l'officier d'opérations Jean Leleu envoya Saint-Exupéry en mission de reconnaissance du côté de Lyon et d'Annecy, à bord d'un P 38 (appareil américain à double fuselage). On peut imaginer l'émotion qui étreignit l'auteur du Petit Prince en étudiant la carte d'une région qu'il

connaissait bien, celle de son enfance (il était né à Lyon le 29 juin 1900).

Dans l'excellent numéro spécial que la revue des pilotes de ligne, Icare, vient de consacrer à Saint-Exupéry (1), Jean Leleu écrit :

« Le vol, d'après notre **expérience des missions, devait durer de 4 h à 4 h 30** : notre angoisse commença à poindre quand il fut 13 h

Gabriel DUPIRE

(Suite page 2, col. 7)

(1) B. P. 213, Orly, aérogare (Seine).

La Croix du Nord veröffentlichte 1964 die mutmaßlich letzten Worte Antoine de Saint-Exupérys.

197

Dieser Pilot hat gesagt: <Sie (oder er) nähern (nähert) sich aus der Sonne … Ich werde versuchen abzuhauen.> Einige Sekunden später hörte ich: <Sie nähern sich sehr schnell.> Wieder kurz darauf: <Ich glaube nicht … Ich denke nicht …> Das war alles.

Um eine Verwechslung mit dem 30. Juli konnte es sich bei der Meldung nicht handeln. Der an diesem Tag abgeschossene Pilot Gene Meredith war gebürtiger Amerikaner und sprach nach unseren Informationen kein Französisch.

Monaco und der Fundort liegen 160 Kilometer Luftlinie voneinander entfernt. Aufschluss über die Reichweite der Bordfunkanlage der *P-38* gibt das technische Datenblatt: 180 Kilometer bei 2500 Meter Flughöhe.[76] Das bedeutet, dass Leims in Monaco den Funkspruch hören konnte, die Alliierten auf Korsika in 300 Kilometer Entfernung aber schon nicht mehr. Die Reichweite des Funkgerätes nimmt mit steigender Flughöhe zu. Um mit Korsika kommunizieren zu können, hätte Saint-Exupéry mindestens auf einer Höhe von 7000 Metern fliegen müssen. Einerseits war damit belegt, dass ein Funkspruch von der Île de Riou in Monaco klar zu verstehen war. Auf der anderen Seite zeigt es auch, dass dieser Funkspruch in Korsika aufgrund der niedrigen Flughöhe der *P-38* nicht empfangen werden konnte.

Hans Leims war 1999 gestorben, aber sein Sohn bestätigte die Erinnerungen seines Vaters, wie sie in dem Zeitungsbericht detailgetreu wiedergegeben waren. Der Vater sei zeit seines Lebens fest davon überzeugt gewesen, die letzten Worte Antoine de Saint-Exupérys gehört zu haben. Zwar konnte er sich nicht sicher sein, doch der Funkspruch war der einzige an diesem Tag, der aus seiner Sicht zum Verschwinden Saint-Exupérys passte. Bei einem Aufenthalt mit seinem Sohn in Frankreich in den 1960er-Jahren hatte sich Hans Leims mit einem französischen Geistlichen, Herrn Dupire, angefreundet. Als er diesem seine Geschichte über den Funkspruch erzählte, kam der Kontakt mit dessen Bruder Gabriel Dupire zustande. Dieser verfasste den Artikel in *La Croix du Nord*, einer Regionalzeitung. Heute ist es undenkbar, dass eine solche Meldung sich nicht in Windeseile verbreiten würde.

Interessant an der Aussage Hans Leims ist jedoch nicht nur die Tatsache, dass er möglicherweise die letzten Worte Antoine de Saint-Exupérys gehört hatte. Auch der Inhalt ist wesentlich.

Horst Rippert berichtet in seiner Aussage, die *P-38* sei zum Zeitpunkt des Abschusses Richtung Ufer geflogen. Er selbst habe sich hinter der *P-38* befunden. Er griff also von Süden her – aus der Sonne fliegend – an. Es war also ein weiteres Indiz aufgetaucht, das auf verblüffende Weise zu Ripperts Aussage passte. Auch die Möglichkeit eines Alleinflugs wird durch die Aussage Leims' eher bekräftigt als ausgeschlossen.

Vermutlich hatte Hans Leims an diesem Tag nicht nur die letzten Worte Saint-Exupérys, sondern auch die Stimme von Horst Rippert gehört. Leims berichtet, nach dem Abschuss hätte sich ein Pilot bei ihm gemeldet. Er hatte ein Anliegen: Er habe ein Aufklärungsflugzeug abgeschossen und sei auf der Suche nach einem Zeugen.

Der 31. Juli 1944

Der Pilot zieht sich an. Wolllleibchen, Halstuch, Lederanzug, gefütterte Stiefel. Sein Körper, so umschlossen, wird gewichtig. Man ruft ihm zu: »Schnell! Es ist Zeit …« Die Hände voll bepackt mit Uhr, Höhenmesser und Kartentasche, dass die Finger starr werden in den dicken Handschuhen, klettert er schwer und ungelenk auf den Führersitz. Ein Taucher, der nicht in seinem Element ist. Endlich sitzt er, da wird alles leicht und recht.[77]

8.45 Uhr. Antoine de Saint-Exupéry startet vom korsischen Flughafen Bastia-Borgo zu einem Aufklärungsflug nach Grenoble-Annecy. Die Distanz zum Zielgebiet via Hyères beträgt etwa 600 Kilometer. Das bedeutet eine Flugzeit von etwa 90 Minuten. Seine *P-38 Lightning* ist den deutschen *Messerschmitt 109*-Maschinen in der geplanten Flughöhe von 10 000 Metern überlegen. Der Flug sollte ihn über die Gegend von Saint-Tropez führen, in der er einen Teil seiner Kindheit auf dem Familienschloss La Môle verbracht hatte. Der Treibstoff der Maschine reicht für etwa sechs Stunden Flug.

> *An zwei von drei Tagen bockt meine Leber, jeden zweiten Tag fühle ich mich seekrank. In meinem Ohr rauscht es Tag und Nacht, seitdem ich mir in Guatemala da etwas gebrochen habe. Immense materielle Sorgen. […] Ich ziehe nicht los, um zu sterben. Ich ziehe los, um zu leiden und so den Meinen nahe zu sein. Nicht, dass ich mir wünschte, dabei umzukommen, doch ich bin sehr gerne bereit, auf diese Weise in den ewigen Schlaf zu sinken.*[78]

9.05 Uhr. Die US-Radarstation *Colgate* auf Korsika meldet, dass sich das Flugzeug der französischen Küste bei Hyères nähert.

11.00 Uhr. Die Maschine Saint-Exupérys wird von der deutschen Radarstation *Falter* in der Nähe seines Zielgebiets Grenoble geortet. Das Flugzeug fliegt danach in Richtung Süden. Die deutschen Jagdflieger der Jagdgruppe 200 werden alarmiert. Danach verlieren die Radarstationen um 11.10 Uhr den Kontakt. Er hat seine Flughöhe von 10 000 Metern verlassen. Luftraumbeobachter verfolgen seine Spur bis in den Raum nördlich von Toulon. Der Rückflug zur Küste bis in die Gegend Toulon/Marseille dauert etwa 30 Minuten.

Rechte Seite:
Luftbild des Flugplatzes
Borgo auf Korsika im
August 1944

Senkrecht unter mir sehe ich nur Spielzeug aus einer anderen
Zeit unter einer klaren reglosen Kristallglocke. Ich beuge mich über
Schaukästen im Museum. Doch schon zeigen sie sich im Gegen-
licht.[79]

11.29 Uhr. Laut britischen Aufzeichnungen startet eine Gruppe deutscher Jagdflugzeuge in der Gegend um Marseille. Es ist anzunehmen,
dass auch Rippert zu diesem Zeitpunkt mit seiner *Me 109-G6* gestartet
ist. Er fliegt mit dem Auftrag, eine gemeldete feindliche Maschine im
Raum Toulon/Marseille nach Möglichkeit abzufangen. Bereits zuvor
waren ab 10.00 Uhr zweimal deutsche Jagdflugzeuge gestartet.

11.30 Uhr. Französische Jagdflieger sichten deutsche Jagdflugzeuge nord-
östlich von Marseille in Flugrichtung Toulon. Ein Zeuge beobachtet von
einer Flakstellung östlich von Toulon aus den Flug einer Maschine Richtung Meer, die Pendelbewegungen vollführt habe und schließlich ins
Meer gestürzt sei.

Gegen 11.40 Uhr. Horst Rippert sichtet eine *P-38 Lightning* mit französischem Hoheitszeichen in der Gegend um Toulon/Marseille. Die Maschine fliegt auf etwa 2000 Metern Höhe und vollführt merkwürdige
Flugmanöver.

Da sehe ich sie! Winzig. Ein Schwarm giftiger Wespen. […] kann es
sein, dass sie uns in der Sonne verloren haben, bevor sie unsere Höhe
erreichen und ihre Geschwindigkeit wieder aufnehmen können. […]
Ich bekomme ein sonderbares Empfinden, ich habe aber die Jäger noch
vor Augen. Und ich wuchte mit meinem ganzen Gewicht auf die blo-
ckierten Hebel.[80]

Horst Rippert 1944
in Südfrankreich

Horst Rippert nähert sich der *P-38*, die Richtung Norden fliegt, vor dem
Abschuss von hinten.

Hans Leims, Fähnrich eines Luftnachrichtenregiments, empfängt einen
Funkspruch, der auf Englisch mit stark französischem Akzent folgende
Worte enthält: »Sie (oder er) nähern (nähert) sich aus der Sonne … Ich
werde versuchen abzuhauen … Sie nähern sich sehr schnell … Ich glaube
nicht … Ich denke nicht …«

*Im selben Augenblick, wo Sie merken, dass es zum Kampf kommt, hat
der Jäger sein Gift auch schon verspritzt, wie die Kobra das tut, und
nicht harmlos und unerreichbar wieder hoch. Genau so wiegen sich die
Kobras, schleudern Blitze und schlängeln sich weiter.*[81]

Horst Rippert schießt auf die Flächen der Maschine, der Pilot steigt nicht
aus, das Flugzeug stürzt ins Meer. Antoine de Saint-Exupéry konnte auf-

grund seiner früheren Verletzungen nicht mehr aus dem Flugzeug steigen, um sich mit einem Fallschirmabsprung zu retten.

> *Die Jagdstaffel tötet nicht, sie sät den Tod. Er geht erst auf, wenn sie vorüber ist.*[82]

Da Horst Rippert am 31. Juli 1944 alleine geflogen ist, kann der Abschuss nicht bestätigt werden. Er fragt beim Luftwaffenhorchdienst nach, ob man seine Angaben bestätigen könne.

> *Dann beginnt das Sterben, das nichts anderes ist als das Hin- und Herpendeln eines Bewusstseins, das von den Fluten des Gedächtnisses stetig entleert und wieder gefüllt wird. Diese Fluten kommen und gehen, den Gezeiten des Meeres gleich, und bringen wieder, was sie zuvor mit sich nahmen – den ganzen Vorrat an Bildern, alle Muschelschalen der Erinnerung, das Rauschen der ein Leben lang gehörten Stimmen. Die Fluten steigen wieder empor, sie benetzen die Algen des Herzens und alle Zärtlichkeit ist wieder belebt. Aber die Tag- und Nacht-Gleiche bereitet schon den endgültigen Rückzug vor, das Herz leert sich, die Fluten und alle ihre Gaben kehren heim zu Gott.*
> *Gewiss, ich habe Menschen vor dem Tod fliehen sehen, schon vor der Zeit geängstigt von der Gegenüberstellung. Doch diejenigen, die sterben, belehren uns eines Besseren. Noch nie habe ich einen Sterbenden von Schrecken gepeinigt gesehen.*[83]

14.30 Uhr. Spätestens jetzt ist der Treibstoff der *P-38 Lightning* Saint-Exupérys zur Neige geflogen. Seine Kameraden auf Korsika haben keine Hoffnung mehr auf eine Rückkehr.

*Wir verlieren nicht nur unseren treusten Kameraden, sondern auch
jemand, der uns allen in seiner Ergebenheit für die gemeinsame Sache
ein großes Beispiel war. Wenn er trotz seines Alters gekommen war,
mit uns die Gefahr zu teilen, tat er dies nicht, um der großartigen
Laufbahn, die er bereits hinter sich hatte, eitlen Ruhm hinzuzufügen,
sondern weil er selbst das Bedürfnis danach verspürte. Saint-Exupéry
gehörte zu jenen Menschen, die sich als groß erweisen, weil sie sich
selbst zu achten wissen.*[84]

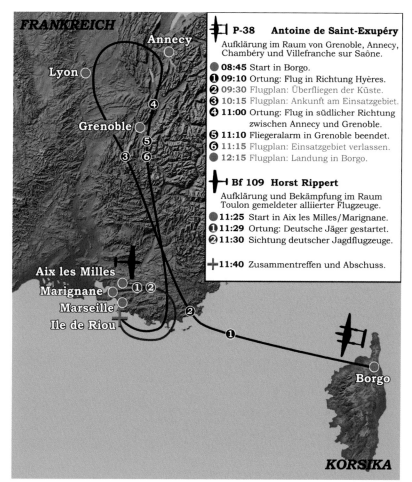

Rekonstruktion des
letzten Fluges Antoine
de Saint-Exupérys und
des Fluges von Horst
Rippert am 31. Juli
1944

*

Krieg ist banal. Um die Banalität der Ereignisse begreifen zu können, werden Mythen gesponnen, die dem Schrecken des alltäglichen und sinnlosen Todes eine metaphysische Bedeutung verleihen.

Angesichts des Krieges, der ja an sich keine Bedeutung in sich trägt, als nur reine Zerstörung zu sein, erscheint die Frage nach dem Schicksal eines einzelnen Menschen sinnlos. Antoine de Saint-Exupéry ist und war ein Opfer wie viele Millionen Menschen neben ihm. Keiner ist in seinem Leben wichtiger als der andere.

Saint-Exupéry fühlte sich gewiss nicht als Held. Er wollte nicht als ein Besonderer, Auserwählter gelten. Ganz im Gegenteil. Aus seinem Handeln und aus schriftlichen Äußerungen spricht der Wunsch, sich eingliedern zu wollen in die Reihen derjenigen, die nach Kräften taten, was gegen den Krieg getan werden konnte. Der Krieg ist auch ein Mittel zur Bekämpfung seiner selbst. Das ist die traurige Ironie der Banalität des Krieges.

Ein endgültiger Beweis dafür, wie Antoine de Saint-Exupéry ums Leben gekommen ist, kann wahrscheinlich niemals erbracht werden. Durch die Zusammenführung von militärhistorischen Rechercheergebnissen und unterwasserarchäologischen Erkenntnissen konnten wesentliche Lücken im Ablauf der Ereignisse des 31. Juli 1944 rekonstruiert werden. Demnach wurde das Flugzeug Antoine de Saint-Exupérys mit größter Wahrscheinlichkeit von deutschen Jagdfliegern abgeschossen.

Nichts spricht vor diesem Hintergrund gegen die Darstellung Horst Ripperts.

Rechte Seite:
Das Calanques-
Massiv bei Marseille

Anhang

Literaturverzeichnis

Bass, George F. (Hrsg.): *Die Tiefe. Versunkene Schätze auf dem Meeresgrund*, München 2006

Bianco, Jean-Claude: *Le mystère englouti Saint-Exupéry*, Paris 2006

de Valliéres, Nathalie; de Ayala, Roselyne: *Man sieht nur mit dem Herzen gut. Eine illustrierte Biografie* (dt. von Bernadette Ott), München 2003

Estang, Luc: *Saint-Exupéry* (dt. von Lily Sauter), Hamburg 1958 und 1977

Fructuoso, José Martinez; Vircondelet, Alain: *Antoine und Consuelo de Saint-Exupéry. Eine legendäre Liebe* (dt. von Claudia Steinitz), München 2006

Pemler, Georg: *Route Nationale Nr. 7. Tagebuch einer militärischen Tragödie. Frankreich, August 1944*, Leoni 1985

Pradel, Jacques; Vanrell, Luc: *Saint-Exupéry. L'ultime secret. Enquête sur une disparition*, Paris 2008

Riechert, Hansjörg; Klose, Dieter: *IkarusMaschinen. Luftfahrt in Ostwestfalen-Lippe*, Naturwissenschaftlicher und Historischer Verein für das Land Lippe 2005

Ries, Karl: *Dora Kurfürst und rote 13. Flugzeuge der Luftwaffe 1933–1945*, Finthen 1964

Saint-Exupéry, Antoine de: *Der Kleine Prinz* [Le petit prince, New York 1943, Paris 1946] (dt. von Grete und Josef Leitgeb), Düsseldorf 1950

Saint-Exupéry, Antoine de: *Die innere Schwerkraft. Schriften aus dem Krieg* [Écrits de guerre, 1939–1944, 1982] (dt. von Reinhard Schmidt), Frankfurt/M. 1990

Saint-Exupéry, Antoine de: *Nachtflug* [Vol de Nuit, 1931] (dt. von Hans Reisiger), Frankfurt /M. 1960

Saint-Exupéry, Antoine de: *Romane, Dokumente*, Düsseldorf 1966, 1994. Darin enthalten: *Südkurier* [Courrier-Sud, 1928] (dt. von Paul Graf von Thun-Hohenstein), *Wind, Sand und Sterne* [Terre des Hommes, 1939] (dt. von Henrik Becker), *Flug nach Arras* [Pilote de Guerre, 1942] (dt. von Fritz Montfort), *Ein Plädoyer für den Frieden* [Un Plaidoyer pour la Paix, 1944] (dt. von Oswalt von Nostitz)

Schiff, Stacy: *Saint-Exupéry. Eine Biografie* (dt. von Evy Brückner-Tuckwiller), München 1995

Steiger, Jörg: *Rückzug durchs Rhônetal. Abwehr und Verzögerungskampf der 19. Armee im Herbst 1944*, Neckargemünd 1965

Taddei, Dominique: *U.S.S. CORSICA – L'Île Porte-Avions*, Albiana 2003

Anmerkungen

Alle im Folgenden genannten Dokumente befinden sich in Kopie bei den Verfassern. Genannt werden nur jene Quellen, die in einem direkten Bezug zu den in diesem Buch vorgestellten Forschungsergebnissen stehen. Ein Liste aller Quellen, die im Rahmen des Forschungsprojekts genutzt und gesichtet worden sind, erscheint im Herbst 2008 in einem wissenschaftlichen Forschungsbericht.

1 Saint-Exupéry, *Der Kleine Prinz*, S. 118.

2 Anne et Jean-Pierre Joncheray, *80 épaves à Marseille et dans sa région*, La Ravoire 2004, S. 143–148.

3 *Tagesbefehl Nr 2/44*. Jagdfliegerführer Süd, 3. März 1944, Militärarchiv Freiburg, AZ: RL8/80.

4 Saint-Exupéry, *Die innere Schwerkraft*, S. 374.

5 Estang, *Saint-Exupéry*, S. 149.

6 Übrigens lautet die ursprüngliche Schreibweise seines Familiennamens Saint Exupéry, also ohne Bindestrich. Dieser wurde erst Ende der 1930er-Jahre während seines Exils in den USA eingefügt – einerseits, weil Antoine de Saint-Exupéry in den USA hartnäckig als »Mr. Exupéry« angesprochen wurde. Andererseits, weil der Namensteil »Saint« tatsächlich viele Menschen fragen ließ, ob es sich denn um einen Heiligen handelte. In Saint-Exupérys Veröffentlichungen hat sich seither die Schreibweise mit Bindestrich eingebürgert, an der auch wir uns orientieren.

7 Die Darstellung des Lebens Saint-Exupérys bezieht ihre Informationen aus den Biografien der Amerikanerin Stacy Schiff (1994), des französischen Autors Luc Estang, der Saint-Exupéry persönlich kannte, und der 2006 erschienenen Bildbiografie von José Fructuoso Martinez und Alain Vircondelet, *Antoine und Consuelo de Saint Exupéry – eine legendäre Liebe*. Weitere wichtige Quellen waren die Schriften Saint-Exupérys – hier insbesondere die Zusammenstellung *Die innere Schwerkraft. Schriften aus dem Krieg* (1990). In diesem Band finden sich auch zahlreiche Äußerungen von Zeitgenossen, die für die Beschreibung der Person Saint-Exupérys erhellend sind.

8 *Motorhandbuch zum Mercedes-Benz-Flugmotor DB601 E-G. Werk-Ausgabe C*. 6.1942. Daimler Corporate Archive: »Nach etwa 100 Betriebsstunden ist

am Motor eine Teileüberholung durchzuführen. Nach etwa 200 Betriebstunden ist am Motor eine Grundüberholung im Herstellerwerk durchzuführen.«

9 *Tätigkeitsbericht der Feldluftzeug-Gruppe. Westfrankreich Gruppe II.* 29. August 1943, Militärarchiv Freiburg, AZ: RL24/131. – Diese Dokumente geben Aufschluss über die Lieferung und den Austausch von Ersatzmotoren zwischen den Luftparks und den verschiedenen Flugplätzen und Einheiten in Südfrankreich. So wurden zum Beispiel in der Woche vom 22. August 1943 bis zum 28. August 1943 vom Feldluftpark Nimes sechs Motoren des Typs DB 601 E an die Jagdgruppe Süd übergeben. Die Unterlagen enthalten nur die Anzahl der gelieferten Motoren, nicht aber ihre Seriennummern.

10 Zur Bestimmung des Motortyps DB 601 E wurden die folgenden Unterlagen herangezogen: *Prüfmaße-Tabelle DB 601 E-F*, Daimler Benz Aktiengesellschaft, Daimler Archiv. Die Bauteilnummer des Kurbelgehäuses stimmt mit der Nummer der Bauteilnummer des Kurbelgehäuses des gefundenen Motors überein: 9 601.104-001. Die Bauteilnummer des Zylinderblocks stimmt mit der Nummer der Bauteilnummer des Zylinderblocks des gefundenen Motors überein: 601.305.001. – *Ersatzteilliste für den Mercedes-Benz-Flugmotor DB 601 E-F*, Ausgabe B März 1943, Daimler Benz Aktiengesellschaft, Daimler Archiv. Die Bauteilnummer des Kurbelgehäuses stimmt mit der Nummer der Bauteilnummer des Kurbelgehäuses des gefundenen Motors überein: 9 601.104-001.

11 Zur Bestimmung der Modifikationen des Motors wurden die folgenden Unterlagen herangezogen: *Anweisungen des Technischen Außendienstes*, Daimler Benz Aktiengesellschaft, Daimler Archiv, DBAG F110. – *Änderungs-Anweisungen für abgenommenes Gerät*, Reichs Luftfahrt Ministerium, Daimler Archiv. – *Technische Mitteilungen für das Fl. Gerät der Luftwaffe (TMGL)*, Oberkommando der Luftwaffe, Chef der Techn. Luftrüstung, Daimler Archiv. – *Technische Mitteilungen des Generals der Truppentechnik*, Daimler Archiv.

12 Fructuoso/Vircondelet, *Eine legendäre Liebe*, S. 12.

13 Brief an seine Mutter, in: ebd., S. 20.

14 Saint-Exupéry, *Die innere Schwerkraft*, S. 11.

15 Saint-Exupéry, *Nachtflug*, S. 11.

16 Saint-Exupéry, *Die innere Schwerkraft*, S. 256.

17 Schiff, *Saint-Exupéry*, S. 492.

18 Saint-Exupéry, *Ein Plädoyer für den Frieden*, in: *Romane, Dokumente*, S. 631f.

19 Saint-Exupéry, *Die innere Schwerkraft*, S. 358.

20 Saint-Exupéry, *Flug nach Arras*, in: *Romane, Dokumente*, S. 392.

21 Ebd., S. 374.

22 Ebd., S. 363f.

23 Saint-Exupéry, *Wind, Sand und Sterne*, in: *Romane, Dokumente*, S. 187.

24 Saint-Exupéry, *Flug nach Arras*, in: *Romane, Dokumente*, S. 352.

25 Saint-Exupéry, *Die innere Schwerkraft*, S. 203f.

26 de Valliéres/de Ayala, *Man sieht nur mit dem Herzen gut*, S. 200.

27 Die genaue Bestimmung des Produktionsdatums einer Bosch-Zündkerze ermöglicht dieses Dokument: *Zündkerzen-Kurzzeichen für Fertigungsdatum*, Robert Bosch GmbH Archiv.

28 Zur Identifikation der Messerschmitt Bf 109-F4 wurden diesen Unterlagen herangezogen: *Messerschmitt Bf 109 F-1 bis F-4, Flugzeug-Handbuch*. Werksausgabe vom Mai 1941 mit insgesamt 260 Seiten und sehr vielen Abbildungen. Neun Teilhefte mit den Schwerpunkten Flugzeugbeschreibung, Aufbauvorschrift, Bruchbergung und Abtransport, Verpackung für Eisenbahntransport, Gerät und Sonderwerkzeug, Flugzeug-Teil- und Hauptprüfung, Instandsetzungshinweise und Anlagen mit Zeichnungen und Schrägansichten von Einzelteilen und Flugzeugsystemen. Luftfahrt Archiv Hafner, LAH-CD-ROM-125. – *Messerschmitt Bf 109 F Ersatzteilliste*. Werksausgabe vom April 1941 mit insgesamt 450 Seiten, aufgegliedert in die Konstruktionsgruppen Rumpfwerk, Fahrwerk, Leitwerk, Tragwerk, Triebwerk, FT-Anlage, Zurüst-Baugruppen, Normteile, Zulieferfirmen und Bewaffnung. Luftfahrt Archiv Hafner, LAH-CD-ROM-137. – Radinger, Willy; Otto, Wolfgang: *Messerschmitt Me 109. Alle Varianten von Bf 109F bis Bf 109K*. Oberhaching 1998.

29 *Verlustmeldung*: Deutsche Dienststelle für die Benachrichtigung der nächsten Angehörigen von Gefallenen der ehemaligen deutschen Wehrmacht (im Folgenden: WASt), AZ: Ref. IV/B 11-451/Frankreich vom 16. Juli 2007. – *2 Zeugenberichte von Staffelkameraden*, Privatarchiv Familie Wälde. – *Kriegstagebuch des 428th Bombardement Squadron, US Airforce*, Privatarchiv Guy Julien. – Lino von Gartzen: »Die Messerschmitt der Île de Bagaud«, in: *Flugzeug Classic*, 12/2007, S. 28–33.

30 *Verlustmeldung*: WASt, AZ: V/29 – 677/67 vom 5. Juni 2007.

31 *Flugzeugunfälle und Verluste bei den Fl. Verbänden*, Generalstab/General-quartiermeister 6. Abteilung, Nr. 9560/43 vom 6.12.1943, Militärarchiv Freiburg, AZ: RL 2 III 1195/1196. – Diese Dokumente enthalten alle Verluste der Jagdgruppe Süd vom 2. Dezember 1943, darunter findet sich auch der gesuchte Pilot mit seiner Bf 109-F4: »2.12. 43 Bf 109 F4 8085 (rote 12) Uffz. Prinz zu Bentheim«.

32 *Tagesbefehl Nr. 10*, Jagdfliegerführer Süd, 28.12.1943, Militärarchiv Freiburg, AZ: BArch RL8/80, fol. 9. Vgl. Abb. S. 166.

33 Informationen über den Angriff am 2. Dezember 1943 auf Marseille enthielten die folgenden Unterlagen: *Brief von Christian Fürst zu Bentheim vom 12. September 2007*, Privatarchiv von Gartzen. In einem Brief vom 16. Januar 1944 an seine ehemalige Erzieherin berichtete er von dem Zeugenbericht eines in Marseille stationierten Militärgeistlichen: »Als die feindlichen Bomber von See her die Stadt angriffen, kam Alexis' Verband und griff mit unerhörtem Schneid von vorne an, nur Alexis und ein anderer von rechts und links. Der Pastor hat das mit Bewunderung und Schrecken gesehen; denn es war ein Flug in den sicheren Tod. Sie kämpften gegen 8-fache Übermacht. Es wurden auch sämtliche Maschinen abgeschossen. Die von vorne angreifenden fielen auf das Land, die beiden seitlich angreifenden ins Meer. Der Kampf spielte sich in 7000 m Höhe ab.« – *Kriegstagebuch Flughafenkommandantur Istres*, Militärarchiv Freiburg, AZ: RL21/166, S. 77, Eintragungen zum 2. Dezember 1943. – Hammel, Eric M.: *Air War Europa: America's Air War Against Germany in Europe and North Africa, 1942–1945: Chronology*, Pacifica, CA, 1994, S. 214: »France: One hundred eighteen Fifteenth Airforce B-17s, escorted by 14th Fighter Group P-38s, attack the submarine pens being constructed at Marseille. Damage is counted as heavy despite flack and attacks by GAF fighters, of which two FW-190s are downed by P-38 pilots and several others are claimed by the bomber gunners.« – Rust, K.C.: *Fifteenth Air Force story*, Temple City, Historical Aviation Album, 1976, S. 9: »U-Boat pens under construction at Marseille, France were attacked for CBO by 118 Fortresses. Workshops, railway tracks and rolling stock were hard hit, the entire target area being covered with bomb bursts. In the air, the P-38 escort scrapped with a dozen or more enemy fighters, downing two, and the B-17s took on another fifteen or more and claimed 9-4-2.« – *Air*

Force History Office, AF/HO, 1190 Air Force Pentagon, Washington, D.C. 20330-1190, http://www.airforcehistory.hq.af.mil/PopTopics/chron/43dec. htm: »B-17's blast submarine pens at Marseille.«

34 *Verlustmeldung*: WASt, AZ: V1/12 zu Bentheim, Alexis vom 30. Juli 2007. – Die WASt bestätigte in ihrem Schreiben: Marseille.

35 Saint-Exupéry, *Flug nach Arras*, in: *Romane, Dokumente*, S. 354.

36 Saint-Exupéry, *Die innere Schwerkraft*, S. 362.

37 Ebd., S. 370.

38 *Tagesbefehle*, Jagdfliegerführer Süd, 1.11.1943–10.7.1944, Militärarchiv Freiburg, AZ: RL8/80. Die Jagdgruppe Süd und die Jagdgruppe 200 waren dem Jagdfliegerführer Süd, Major Vollbracht, unterstellt. Die Dokumente enthalten Informationen zu personellen Angelegenheiten wie Beförderungen, Stellenbesetzungen, Auszeichnungen und Abschussanerkennungen. Sie enthalten zudem Anweisungen zum militärischen Verhalten und informieren über Aktivitäten der Widerstandsgruppen. Sie geben einen guten Einblick in das Funktionieren dieser Einheit im Süden Frankreichs. – *Korptagesbefehle*, Generalkomando II. Jagdkorps, 8.12.1943–26. 6.1944, Militärarchiv Freiburg, AZ: RL8/170. Der Jagdfliegerführer Süd war dem II. Jagdkorps unterstellt.

39 Carlson, Sven; Meyer, Michael: *Die Flugzeugführer-Ausbildung der Deutschen Luftwaffe 1935–1945*, Zweibrücken 2000, S. 144–148, 152.

40 *Oberkommando der Luftwaffe*, Generalquartiermeister, Militärarchiv Freiburg, AZ: 11b16.10 Nr. 11344/44 vom 6.7.1944. – Dieses Dokument enthält Informationen zur Aufstellung des Stabes Jagdgruppe 200 für die Dauer von vier Monaten.

41 *Abschussanerkennungen*, Oberkommando der Luftwaffe, Chef für Auszeichnung und Disziplin, Militärarchiv Freiburg, AZ: C 2031/II.

42 *Tagesmeldungen an Armeegruppe G August 1944*, Armeeoberkommando 19, Militärarchiv Freiburg, AZ: RH20-19/84.

43 Ludwig, F.: *Endkampf um Toulon*, Der Landser Nr. 1603.

44 *Kriegstagebuch Nr. 79*, Luftflottenkommando 3/Luftflottenkommando West, Militärarchiv Freiburg, AZ: RL 7/118.

45 *Informationen zum Bestand: Luftwaffe (Allgemeine Informationen)*, Militärarchiv Freiburg. – Informationen über die Auflösung der Jagdgruppe 200 am 15. September 1944: »Jagdgruppe 200 wird – mit Ausnahme der fliegen-

den Besatzungen, die sich derzeit bei der Sonderstaffel Kaatsch befinden – aufgelöst.«

46 *Luftnachrichtenführer*, Oberkommando der Luftwaffe, Vernichtungsverhandlung April 1945, Militärarchiv Freiburg, AZ: RL2-V-140.

47 Brief an Pierre Dalloz, 30. oder 31. Juli 1944, in: Saint-Exupéry, *Die innere Schwerkraft*, S. 372.

48 Brief an X, 31. Juli 1944, in: Saint-Exupéry, *Die innere Schwerkraft*, S. 373.

49 de Valliéres/de Ayala, *Man sieht nur mit dem Herzen gut*, S. 202.

50 *Flugbuch Alexis Prinz zu Bentheim und Steinfurt*, Familienarchiv, Schloss Steinfurt: »Flug 507 zu Bentheim Bf 109F 12 Alarmstart-Feindflug Avignon-Ost 2.12.43 12:15 vom Feindflug nicht zurückgekehrt.«

51 Das *Jägerblatt* ist das »Mitteilungsblatt und Offizielles Organ der Gemeinschaft der Jagdflieger-Vereinigung der Flieger Deutscher Streitkräfte e.V.«.

52 Lino von Gartzen führte 2007 Gespräche mit Hermann Klinzing, dem Überbringer des Flugbuches, um weitere Details zum Fundort zu erhalten.

53 Martin, Hans: *Die zweite Invasion*, Der Landser, Großband Nr. 725.

54 Ebd.

55 Ebd., S. 33.

56 *Brief von Wilhelm Mantz vom 26. März 1992*, Privatarchiv *Aéro-Relic*, Philippe Castellano.

57 *Brief von Hubert Kroeck an Clement Fereyre vom 11. Februar 1975*, Privatarchiv Familie Fereyre.

58 Horst Rippert: *Dir wird nichts passieren*, Wiesbaden 1998–2000 (3 Bände).

59 Castellano, Philippe: *Liberator. Époques tragiques dans les Alps-Maritimes et l'Est Varois*, Cannes 1994, S. 37–41.

60 Rippert, *Dir wird nichts passieren*, Band 2 (1999), S. 8: »Ich erinnere mich an einen Einsatz in Südfrankreich, an dem ich eine viermotorige amerikanische *Liberator* abschoss, d. h. so beschädigte, daß die Besatzung aussteigen mußte. Die ›Viermotorige‹ zerschellte in der Nähe von Nizza in den Bergen.«

61 Alfred Karow (gest. April 2008), Besatzungsmitglied des bei Cannes abgeschossenen Bombers, berichtet in seinen Memoiren von dem Abschuss. Privatarchiv *Aéro-Relic*, Philippe Castellano.

62 Brief von Horst Rippert an Lino von Gartzen vom 22. Dezember 2006, Privatarchiv Lino von Gartzen.

63 *Fliegerhorst-Kommandantur E (v) 239 XII Marseille-Marignane*, Miltärarchiv Freiburg AZ: RL 20/208. – Der Befehl, Marignane aufzugeben, war bereits am 3. August 1944 gegeben worden, das letzte »Marignane-Schreiben« dieser Akte stammt vom 9. August 1944.

64 Fructuoso/Vircondelet, *Eine legendäre Liebe*, S. 132.

65 *Briefwechsel zwischen Clement Fereyre und Karl Otto Hoffmann aus den Jahren 1970 bis 1976*, Privatarchiv Familie Fereyre. – Diese Briefe enthalten Angaben über ihre gemeinsamen Forschungen zu vermissten Soldaten der Luftwaffennachrichtentruppe der Radarstation *Falter* und zum Verschwinden Saint-Exupérys.

66 Fereyre, Clement: *Les Chapeliers de Rodolphe*, 4. überarb. u. ergänzte Auflage, Chazelles-sur-Lyon 1988. – Dieses Buch enthält Angaben über die Einsätze der Résistance-Einheit G.M.O., zu vermissten Soldaten der Luftwaffennachrichtentruppe und Informationen über die Meldung der Radarstation *Falter*.

67 Hoffmann, Karl Otto: *Geschichte der Luftnachrichten-Truppe*, Band II: Der Weltkrieg, Teil 2: Drahtnachrichtenverbindungen. Richtfunkverbindungen 1939–1945, Neckargemünd 1973, S. 280 und 281.

68 *Aufzeichnungen Dr. François Guy*, Alarmmeldungen für den Raum Grenoble am 31. Juli 1944, Privatarchiv Luc Vanrell. – Dr. François Guy hatte ein Buch geführt über die Alarmmeldungen in Grenoble. Für den 31. Juli 1944 finden sich zwei Einträge: »09:50 – 10:30 »Welle« von Jagdflugzeugen«, »10:45 – 11:10 Einzelnes Flugzeug«. Der erste Alarm betraf eine Gruppe französischer Jagdflugzeuge (vgl. unten Anm. 74), der zweite Antoine de Saint-Exupéry.

69 Hoffmann, *Geschichte der Luftnachrichten-Truppe*, Band II, Teil 2, S. 280 und 281.

70 Pemler, Georg: Der Fliegertod von Antoine de Saint-Exupéry, in: *Jägerblatt* Nr. 2 (1993), S. 8-12.

71 Ebd.

72 *Tagesmeldungen an Armeegruppe G July 1944, Armeeoberkommando 19*, Militärarchiv Freiburg, AZ: RH20-19/72: »7.40-14.00 Uhr Einflug einzelner Feindflugzeuge aus SO in grosser Höhe im K.V.A. »A« und »B«, Rückflüge auf Gegenkurs«. – »Am Morgen des 3.7.44 überflogen 6 Thunderbolt linken Abschnitt der 242. I.D. 3 Maschinen griffen 11.12 Uhr Mss Cap Camarat mit Bordwaffen an.« – *Kriegstagebuch der Seekriegsleitung 1939–1945*, Teil

A, Band 59/II, Hamburg 1995, S. 714 (31. Juli 1944): »Eigene Lage: Nachmittags führten 3 Feindflugzeuge Bordwaffenangriff gegen FuMO Camarat durch und beschädigten es leicht.«

73 *Enemy Air Activity, June 1944–Feb. 1945*, MAAF Signal Int. Service, HW41/87 The National Archives, Kew, GB, Privatarchiv Nick Beale: »Three sections of fighters were airborne between 0758 and 0929 in reaction Allied fighters over CANNES, TOULON, and the area to the north; no contacts seem to have been made.« – Alle Zeitangaben dieses Dokuments sind in GMT angegeben; um sie mit der 1944 in Frankreich verwendeten deutschen Sommerzeit (GMT +2) zu vergleichen, müssen zwei Stunden addiert werden.

74 *Operations for July 31, 1944*, Headquarter fourth fighter group (FAF), Operational & Intelligence Summary N*40, Archives du service historique de l'Armée de l'Air, Château de Vincennes, FR, Privatarchiv Guy Julien: »2 bogeys, 20,000' to 25,000', moving eastward, were seen at 43*50'N 05*50'E (time: 1130 hrs).« – Zwei Gruppen mit insgesamt 24 französischen *P-47* hatten am 31. Juli 1944 zwischen 8.00 Uhr und 12.05 Uhr bei ihrem Einsatz mehrere Ziele in Südfrankreich angegriffen. Ihr Zielgebiet war das Vercours, südwestlich Grenoble. Der Flughafen von Orange wurde angegriffen und die Radarstation *Cap Camarat* an der Küste. Auf dem Rückweg sichteten die französischen Piloten um 11.30 Uhr zwei deutsche Jagdfugzeuge 50 km nördlichwestlich von Toulon.

75 Gabriel Dupire: Du nouveau sur la mort de Saint-Exupéry?, in: *La Croix du Nord* vom 31. Oktober 1964.

76 *War department technical manual TM-11 509*, Radio sets 522-A, -t2, SCR-542-A, and –T2, War department May 1945.

77 Saint-Exupéry, *Südkurier*, in: *Romane, Dokumente*, S. 10.

78 Antoine de Saint-Exupéry an seine Frau Consuelo, Mitte April 1943, in: Saint-Exupéry, *Die innere Schwerkraft*, S. 249.

79 Saint-Exupéry, *Flug nach Arras*, in: *Romane, Dokumente*, S. 375.

80 Ebd., S. 361f.

81 Ebd., S. 373.

82 Ebd., S. 373.

83 de Valliéres/de Ayala, *Man sieht nur mit dem Herzen gut*, S. 202.

84 Kriegstagebuch der Einheit 2/33, in: Saint-Exupéry, *Die innere Schwerkraft*, S. 374.

Dank

Besonders möchte ich meiner Frau Kathi Necknig für ihre Unterstützung, ihre Geduld und die gemeinsamen Gespräche danken. Auch meinem Vater, Dr. Axel Triebel, danke ich für zahllose anregende Gespräche. Frau Dr. Carmen Sippl danke ich für die gute Zusammenarbeit. Weiterhin danke ich noch meinen Freunden Albrecht Matthaei, Catherina Conrad und Lena von Gartzen sowie Verena Pritschow.

Claas Triebel

*

Ich danke meiner Frau Lena von Gartzen, die meine Forschungen von Beginn an begleitet und unterstützt hat. Außerdem möchte ich meiner Familie, besonders meiner Mutter Birgit von Gartzen und Christoph Baasel danken.
Für die spannende und interessante Zusammenarbeit über und unter Wasser danke ich meinen Forscherkollegen und Freunden Luc Vanrell, Anne Delhomme, Philippe Castellano und Klaus Fischer.
Mein Dank gilt weiterhin allen anderen Forschern, die sich seit dem Verschwinden Antoine de Saint-Exupérys intensiv mit dessen Schicksal befasst haben.

Lino von Gartzen

*

Namentlich möchten wir uns an dieser Stelle bei allen Freunden, Kollegen und Organisationen bedanken, die sich an unseren aktuellen Forschungen beteiligt haben:
Das Forschungsteam: Luc Vanrell, Anne Delhomme, Philippe Castellano, Lena von Gartzen.
Militärhistorische und technische Recherchen: Klaus Fischer, Guy Julien.
Gespräche, Briefe und Dokumente: Horst Rippert, Christian Fürst zu Bentheim und Steinfurt, Richard Wälde, Familie Kroeck, Familie Klinzing, Robert Fereyre, Hans Fahrenberger, Jean-Claude Bianco, Familie D'Agay, Bruno Faurite, Nick Beale, Don Kaiser, Dominique Taddei, Familie Lanfranchi, Adolf Käferböck, Familie Albert und viele andere.

Unterstützung der Recherchen und wissenschaftlichen Untersuchungen: Michel SIGNOLI, UMR 6578; Hans-Joachim Koch, L'Orange GmbH; Uwe Heintzer, Classic Corporate Archives, Daimler AG; Dieter Schmitt, Historical Communications, Robert Bosch GmbH; Peter Pietschmann, Der Werftverein; Udo Hafner, Luftfahrt-Archiv Hafner.

Taucher: Marcus Thier, Jean-Bernard Pouillard, Sebastian Hennecke, Jan Jirasco, Jindra Böhm, Wilke Reints.

Behörden, Einrichtungen, Archive und Vereine: DRASSM Département des recherches archéologiques, subaquatiques et sous-marines, Marseille; CNRS-Université de la Méditerranée, UMR 6578, Faculté de Médecine de Marseille; BGfU Bayerische Gesellschaft für Unterwasserarchäologie (www.bgfu.de); Aéro-Re.L.I.C, Recherche, Localisation et Identification de Crashes, Mandelieu-la Napoule (www.aero-relic.org); Bundesarchiv – Militärarchiv, Freiburg; WASt (Deutsche Dienststelle für die Benachrichtigung der nächsten Angehörigen von Gefallenen der ehemaligen deutschen Wehrmacht), Berlin; Deutsche Botschaft, Paris; Bundesanstalt für Immobilienaufgaben (Bundesvermögensverwaltung), Koblenz; Daimler AG, Stuttgart; Robert Bosch GmbH, Stuttgart; L'Orange GmbH, Glatten; Der Werftverein, Oberschleißheim; Musée de l'air et de l'espace, Le Bourget, Paris; Helmut Weitze Militärische Antiquitäten, Hamburg.

Zeichnung der Messerschmitt Bf 109-F4: Helmut Schmidt.

Video-Dokumentation: TANGRAM – Christian Bauer Filmproduktion, Marcus Thier (BGfU) und Robert Kreuz.

Bildnachweis

A + M John Phillips Foundation: Seite 11, 79, 95, 187.

Familienarchiv d'Agay: Seite 197 (La Croix du Nord).

Robert Bosch GmbH, Historical Communications: Seite 104 o.

Bundesarchiv–Militärarchiv Freiburg: Seite 166 (BArch RL 8/80, fol. 9).

Familienarchiv zu Bentheim und Steinfurt: Seite 107 (Colombo Max), 131, 132/133, 134, 135, 144.

Ferdinand zu Bentheim und Steinfurt: Seite 29.

Daimler AG, Mercedes Benz, Archive und Sammlung: Seite 52 (Lino von Gartzen), 53, 54/55, 55, 101 (Lino von Gartzen).

Flight International: Seite 32 o., 32 u., 63, 172 (Lockheed Aircraft Corporation).

Lino von Gartzen: Seite 9, 17 (Hubert Hubal), 26, 28, 33, 36, 37, 38, 39, 41, 42, 45, 51, 66, 81, 82, 85, 86, 90, 91, 99 (Adolf Käferbock), 102, 103, 104 u., 109, 122 (Hubert Kroeck), 125, 126 (Lena von Gartzen), 145 und 147 (Hans Fahrenberger), 161, 163 (Horst Rippert), 164, 164/165, 165, 179, 181, 193 (Helmut Weitze Militärische Antiquitäten, Hamburg), 205 (NASA/JPL/NIMA), 207.

Luftfahrt-Archiv Hafner: Seite 105.

Verlag Dieter Hoffmann: Seite 118, 118/119, 119.

Heinz Kalkowski/Sammlung Michael Meyer: Seite 117, 121.

Hubert Kroeck/Privatarchiv Robert Fereyre: Seite 142.

Harry Oakley/Sammlung Dominique Taddei: Seite 23, 201.

Erich Pabel Verlag: Seite 137.

Karl Rauch Verlag: Seite 75 (r.).

Horst Rippert: Seite 155, 203.

Erik Ritterbach: Seite 167.

Archiv Helmut Schmidt: Seite 111 (Otto Schmidt), 112/113 (Helmut Schmidt).

Succession Antoine de Saint-Exupéry: Seite 49, 58, 60/61, 75 (l.).

Claas Triebel: Seite 183.

US Patent and Trademark Office: Seite 71.

Luc Vanrell: Seite 4/5, 13, 19, 20, 31, 35, 36, 160 (George Albert).

Maurel Victor/Sammlung Philippe Castellano: Seite 158.

Die Autoren:

© Catherina Conrad

Claas Triebel (Jg. 1974) ist Autor und Publizist. Er studierte Neuere Deutsche Literatur und Psychologie an der Ludwig-Maximilians-Universität in München. Er arbeitet als Diplom-Psychologe und Gesellschafter der Firma Perform-Partner an verschiedenen Forschungs- und Beratungsprojekten und als wissenschaftlicher Mitarbeiter und Autor mehrerer psychologischer Fachbücher an der Universität der Bundeswehr München. 2008 erscheint sein erster Roman »Der Übergang«. Claas Triebel lebt in München. www.claastriebel.de

© Hans-Peter Höck

Lino von Gartzen (Jg. 1973) ist Taucher und Unterwasserarchäologe. Er ist Mitglied der Bayerischen Gesellschaft für Unterwasserarchäologie und Mitglied des Werftvereins Oberschleißheim/Arbeitskreis Geschichte. Im Rahmen verschiedener Forschungsprojekte in den bayerischen Seen und vor der Küste Südfrankreichs widmet er sich der Spurensuche unter Wasser. Hauptberuflich arbeitet er als Fachmann für Patent- und Dokumentenrecherche. Lino von Gartzen lebt am Starnberger See. www.abtauchen.com

Schutzumschlag oben, v.l.n.r.:
Die Île de Riou, Alexis Prinz zu Bentheim und Steinfurt,
Horst Rippert, Antoine de Saint-Exupéry

Schutzumschlag unten: Lena von Gartzen bei einem Flugzeugwrack
vor der südfranzösischen Küste

Seite 4/5: Blick auf die Île de Riou

Besuchen Sie uns im Internet unter:
www.herbig-verlag.de

© 2008 by F. A. Herbig Verlagsbuchhandlung GmbH, München
Alle Rechte vorbehalten
Umschlaggestaltung: Wolfgang Heinzel
Umschlagbilder oben (v.l.n.r.): Lino von Gartzen; Familienarchiv zu Bentheim
und Steinfurt; Hans Fahrenberger; akg, Berlin; unten: Lino von Gartzen
Herstellung und Satz: VerlagsService Dr. Helmut Neuberger
& Karl Schaumann GmbH, Heimstetten
Gesetzt aus der 11/16 Punkt Minion
Druck und Binden: OAN Offizin Andersen Nexö Leipzig
Printed in Germany
ISBN 978-3-7766-2569-1

Elly Beinhorn
Alleinflug
Mein Leben

384 Seiten mit über 100 Fotos,
ISBN 978-3-7766-2522-6

Das aufregende Leben der Flugpionierin

Sie war die erste Frau, die um die Welt flog: Elly Beinhorn, eine der mutigsten Frauen des 20. Jahrhunderts, erzählt ihr Leben.

Mit 20 machte sie als eine der ersten Frauen den Pilotenschein, mit 23 startete sie allein zu ihrem ersten Afrikaflug, der mit einer Notlandung und vier Tagen Fußmarsch durch die Sahara endete. 1932 gelang ihr die Weltumrundung im Alleinflug, 1936 überflog sie innerhalb von 24 Stunden drei Kontinente (Afrika, Asien und Europa). In ihrer Autobiografie lässt Elly Beinhorn ihr abenteuerliches Leben Revue passieren.

»Elly Beinhorns Memoiren sind ihr bestes Vermächtnis – zumal es in der heutigen hoch technisierten Welt vergleichbare Abenteuer eben nicht mehr gibt und auch nicht mehr geben kann.«
Die Welt

»Ihre Memoiren lesen sich wie ein Abenteuerroman.«
Der Spiegel

»Die letzte Königin der Lüfte.«
FAZ

www.herbig.net

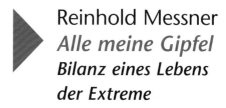

HORIZONTE ERWEITERN

Thomas Bauer
Wo die Puszta den Himmel berührt
Auf Umwegen durch Ungarn

224 S., ISBN 978-3-7766-2512-7

Detlef Kleinert
Wenn Tito das wüsste
Von der kroatischen Küste bis zu den Bergen des Balkans

224 S., ISBN 978-3-7766-2578-3

Hans-Joachim Löwer
Bahnhof der Träumer
Mit Latinos illegal durch Mexiko

224 S., ISBN 978-3-7766-2460-1

Miki Sakamoto
Münchner Freiheit
Fernöstliche Blicke auf die Weltstadt mit Herz

224 S., ISBN 978-3-7766-2535-6

Dieter Sauter
Im Land des Hamam
Begegnungen in der unbekannten Türkei

224 S., ISBN 978-3-7766-2481-6

Katharina Tjwald
Die erzählte Stadt
Unbekanntes Sankt Petersburg

224 S., ISBN 978-3-7766-2479-3

Thomas Veszelits
Goldene Gassen, flüchtende Schatten
Prag, die Hauptstadt der Illusion

224 S., ISBN 978-3-7766-2561-5

Janis Vougioukas
Wenn Mao das wüsste
Menschen im neuen China

204 S., ISBN 978-3-7766-2560-8

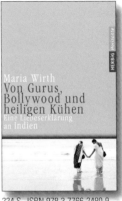

Maria Wirth
Von Gurus, Bollywood und heiligen Kühen
Eine Liebeserklärung an Indien

224 S., ISBN 978-3-7766-2480-9

HERBIG *Horizonte*   www.herbig.net